AF333491

300 DE L'HEURE

Le prix de ma liberté

Mathilde Davril

300 DE L'HEURE
Le prix de ma liberté

Max Milo

© Max Milo, Paris, 2022
www.maxmilo.com
ISBN : 978-2-315-01-012-7

La Loi

Depuis le 13 avril 2016, la loi « pénalisation des clients » est en vigueur. La prostitution en France est légale et autorisée. Il existe un code NAF 96.09.12 : autres services personnels, services des hôtesses, services des prostituées, pour que les personnes exerçant cette activité puissent se déclarer et payer des impôts. En revanche, l'achat de services de prostitué(e)s est strictement interdit, les clients des travailleuses/travailleurs du sexe (TDS) sont passibles d'une amende de 1500 euros et de 3750 euros en cas de récidive. Toute forme de proxénétisme est répréhensible, comme aider à poster une annonce, louer un appartement à un(e) TDS, faire de la mise en relation ou être salarié(e). Les TDS ne peuvent pas se regrouper et créer une structure sous peine d'être poursuivis pour proxénétisme. Seul l'État se réserve le droit d'être notre proxénète en nous contraignant à nous déclarer afin de prendre une part de nos revenus, mais sans accepter de nous donner les mêmes droits qu'aux autres travailleurs : retraite, sécurité sociale ou non-condamnation de nos clients.

Avant-propos

Pourquoi donner son corps gratuitement quand certains veulent payer ? Quand nous ne recherchons pas l'amour, vaut-il mieux avoir des *sex friends* ou des *sex passe* ? Cela pourrait faire l'objet d'un sujet au bac de philo, non ? Je peux même aller plus loin : quand notre démarche n'a pas pour objectif le sentiment amoureux, où se situe la limite entre la galanterie et la prostitution ? Se faire inviter au restaurant et passer la nuit avec un homme, sans l'aimer, est-ce de la prostitution déguisée ? Ou est-ce que régler une addition et payer la nuit d'hôtel à une femme, c'est simplement de la bonne éducation, et ainsi cette dernière est préservée des mœurs dites légères ? Se faire offrir des verres en discothèque toute la soirée et coucher avec un quasi-inconnu, est-ce aussi une façon de monnayer son corps ? Ou est-ce que le fait de remplacer l'argent liquide par des spiritueux dans une coupe, c'est avoir de bonnes manières et cela protège la demoiselle d'être une putain ? Est-ce que si nous rencontrons quelqu'un dans le but de nous envoyer en l'air et de passer une agréable soirée, et que l'homme met les formes et les moyens, sommes-nous des putes ? Ou est-ce que seul un échange d'argent palpable fait basculer la situation ? Si nous épousons un homme pour sa situation, le fait d'être mariée et d'enfanter nous garantit-il d'être honorable ? Ou finalement ne sommes-nous pas la prostituée de notre mari ? Sous quelle forme l'argent devient-il problématique dans une rencontre et quelle est la limite à ne pas franchir ? Et si limite il y a, et que nous la franchissons, qu'est-ce qui est dérangeant ? Qu'une femme puisse avoir envie de se prostituer au nom de sa liberté ? Parce que soi-disant être une prostituée, ce n'est pas être libre. Et pourtant, tout dans cette activité pourrait être synonyme de liberté. Sexe, indépendance, choix, plaisir, désir, jouissance, argent, pouvoir. Mes copains m'ont souvent dit : « Toi, Mathilde, tu n'es pas un canon de beauté, tu n'es pas vraiment belle, mais tu transpires le sexe. »

Je dégage les phéromones de la liberté et c'est cela que ces hommes ont détecté. Mais dois-je me sentir honteuse et en marge de la société d'avoir décidé que le féminisme va plus loin que le partage des tâches ou que l'égalité des bulletins de salaire ? N'est-ce pas au contraire une avancée dans nos droits de femmes que d'opter pour des rencontres tarifées ? Notre droit de posséder notre corps comme bon nous semble ? De multiplier les conquêtes si nous en avons envie, tout en gagnant de l'argent et en renversant la situation en prenant le *lead* sur la pensée patriarcale opprimante ? La prostitution ne serait-ce pas juste un courant progressiste qui heurte et met à mal les idéaux des protagonistes réactionnaires ? N'est-ce pas seulement inconfortable aux yeux du monde de révéler que vos maris, vos frères, vos pères, bien sous tous rapports, font appel à ce type de services, sans perversité ni violence ? Et que des femmes, normalement constituées, qui sont vos filles, vos sœurs, vos collègues de bureau ont décidé d'utiliser leurs charmes, pour ne plus être opprimées dans un schéma qui ne leur correspond pas? Est-ce vraiment un fardeau humiliant ou une preuve d'intelligence extrêmement dérangeante? Car n'est-ce pas la seule chose qui nous appartient vraiment, notre corps?

1. Et si c'était la solution ?

Je suis Mathilde, devenue au fil du temps Mathilda, *escort*, prostituée, pute, tapin, courtisane, TDS[1], c'est au choix, je n'ai aucun problème avec cela. Je suis ta voisine, ta collègue de bureau, la jeune femme ordinaire que tu croises dans la rue en allant acheter ton pain ou celle que tu aperçois dans les allées de Lidl, en jogging et avec une couette haute sur le côté gauche du crâne comme pour laisser deviner que je préfère la folie de la différence à la sagesse d'un chignon bien lisse et ordonné. Je pourrais être ta sœur, ta fille et je suis le membre d'une famille qui pourrait être la tienne. J'ai 28 ans et nous sommes en février 2012. Il y a deux années, j'ai quitté un homme qui passait plus de temps à me peser qu'à me baiser, pour qui kilos rimaient avec libido et bague au doigt avec mannequinat. Par la même occasion, j'en ai profité pour remercier gentiment mon patron qui partait du principe qu'avec mon âge avancé, j'allais procréer et qui, par conséquent, n'a jamais consenti à m'augmenter. Ce sentiment d'être un citron qui doit donner son jus, mais en se

---

1. TDS : travailleuse du sexe.

gardant bien d'expulser un pépin, ne valait ni un CDI ni un petit ami. Je suis donc arrivée de ma Bourgogne à Lyon, avec ce souffle qu'ont les grandes villes et qui laisse présager que tout est possible. Qu'à chaque croisement de rues, il y a une opportunité de rencontres, de découvertes, qu'être presque une expatriée anonyme au milieu de cette foule de gens pressés permet d'évoluer en totale liberté et légèreté.

Depuis mon installation, je travaille comme chargée du développement commercial au sein d'un journal économique et juridique. Quand j'ai répondu à l'offre d'emploi, je n'avais aucune connaissance du milieu de la presse, n'avais jamais évolué dans une rédaction ni côtoyé de journalistes. Je me suis présentée avec cette assurance acquise de mon héritage génétique et, aujourd'hui, je fais partie de l'équipe, sans que le rédacteur en chef y trouve quelque chose à redire.

Je vis en colocation avec Aurore, dans un trois-pièces à Villeurbanne, secteur Grandclément, géré par l'OPAC du Rhône. Les locataires n'ont pas le choix, le syndic social attribue les chambres simplement en fonction du sexe. Il y a dans notre immeuble des logements pour filles, garçons, familles et des dealers qui servent de portiers dans le hall d'entrée. Avec Aurore, au départ, tout nous opposait. J'étais sa énième colocataire, elle détestait la précédente : «Dès que je t'ai vue, j'ai tout de suite pensé que tu étais une connasse».

Un grand classique! J'ai souvent été confrontée à ce type d'*a priori*, sans vraiment savoir pourquoi. Peut-être mon franc-parler ou la hauteur de mes talons.

Elle, jolie blonde aux longs cheveux ondulés et aux yeux bleus, le visage encore juvénile du haut de ses 20 ans, dans un look baba cool, réservée et studieuse, le nez plongé dans ses livres de médecine. Il nous aura fallu un après-midi de ménage à lessiver les murs de la cuisine commune pour nous apprivoiser. Aujourd'hui, nous sommes toujours différentes, mais il n'y a pas de jalousie entre nous ni de mensonges. Nous n'essayons pas d'être ce que nous ne sommes pas, ne nous jugeons pas et nous ne nous servons pas des défauts de l'autre pour exister.

Depuis que je suis à Lyon, j'enchaîne les désillusions amoureuses et les histoires qui ne mènent à rien. J'ai le sentiment que les sites de rencontres ne servent qu'à « tirer un coup ». En un clic, tu niques. Les amoureux sont là un soir, une semaine, le temps de m'enlever ma culotte. Le même schéma se répète constamment, des débuts prometteurs, de la séduction, de la flatterie, des projets à court terme, un cinéma, une pomme d'amour à la vogue des marrons, une invitation à partir en week-end quand le soleil sera de retour, évidemment pas maintenant, un corps à corps parce nous en avons envie, et puis : « Tu sais, je ne veux rien de sérieux, je ne veux pas que tu t'attaches et te faire du mal, je te sens trop investie. »

À croire que l'empreinte des générations précédentes est tellement imprégnée qu'inconsciemment les hommes associent baise, engagement, mariage. Je l'ai niquée, il faut que je me sauve avant de devoir l'épouser. Ne suis-je pas assez cochonne ou le suis-je trop peut-être ? Si j'avais vraiment l'air d'une femme indépendante et frivole, sans doute n'auraient-ils pas de pression ? À moins que ce soit mon image de femme libre qui les fasse fuir ? Se remettre sans cesse en question avec cette impression de tourner en rond sur soi. Qu'est-ce qui cloche, qu'est-ce qui ne va pas ? Quelle est la clef pour qu'une relation soit réussie et

1. Et si c'était la solution ?

suivie, qu'elle soit amoureuse ou amicale ? Où es-tu bel inconnu souriant que j'avais imaginé croiser dans les traboules du vieux Lyon et qui m'aurait fait visiter la ville sans espérer pour autant me faire payer de mon petit ticket ? Où es-tu mademoiselle, qui me promets à chaque cours de zumba que vendredi soir nous sortirons dans un bar sympa ? Où êtes-vous, vous qui, sans doute comme moi, êtes si souvent seuls ? Ou déjà trop entourés pour vous ouvrir à de nouvelles amitiés ?

Après l'émerveillement vient la désillusion, et dompter cette métropole s'avère plus difficile que mes songes l'avaient imaginé. Le champ des possibles en deux ans à Lyon s'est refermé sur moi. Je n'ai pas d'amis d'enfance ici, ni de potes de fac, je n'y suis de toute façon pas allée. Les collègues de bureau deviennent rarement des amis. Il y a bien Delphine, manne-quin à ses heures libres et secrétaire au cabinet juridique à côté du journal dans lequel je travaille, mais bien que nous déjeu-nions presque chaque jour ensemble, le soir elle rejoint son petit ami. Il y a aussi Coralie, dont j'ai fait la connaissance par l'intermédiaire de Delphine et que je côtoie parfois le temps d'un apéro. Mais, à 27 ans, elle vient de reprendre ses études et entame un cursus en droit, alors le code pénal passe bien avant les soirées entre nanas. Aurore, ma colocataire, est en deuxième année de médecine et quand nous nous retrouvons dans l'appartement, c'est plus souvent pour lui faire réciter sa pharmaco que pour nous divertir autour d'un bon repas. Je m'ennuie et me sens seule.

Un soir, en visionnant un reportage sur l'*escorting*, j'ai une révélation : et si c'était la solution ? Un moyen de faire des rencontres sans jamais me sentir bernée ni échaudée. Une façon d'occuper mes soirées, de sortir dîner et de ne plus rester chez moi à me questionner sur ce que je fais de bien ou pas. Qu'explorer le monde des relations tarifées ne me mènera pas à l'amour, bien que la folie, n'est-ce pas faire toujours la même chose et de s'attendre à un résultat différent? Pourquoi ne pas tenter cette aventure? Puisque les hommes se servent de moi, autant leur rendre la pareille. Sans doute est-ce extrême comme cheminement, mais cela ne me paraît ni plus choquant ou dégradant qu'une simple rencontre qui débuterait dans l'obscurité des méandres virtuels et qui n'aboutirait à rien si ce n'est à du sexe.

Je pianote «escort Lyon» sur Google, une multitude de sites Internet apparaît : Wannonce, 6annonce, Sexmodel, Planescort. Je fais défiler les dizaines ou plutôt les centaines d'annonces, toutes les filles ont l'air de sortir de magazines. Les photos sont provocantes, mais ne font pas bien réelles, comme un excès de filtres Snapchat mêlés à Photoshop. Une fiche descriptive détaille origine, poids, taille, mensurations, couleur de cheveux, pointure et un petit texte de présentation l'accompagne. Certaines sont assez crues, énumèrent des pratiques sexuelles que je ne comprends pas, des abréviations ou des mots anglais : GFE, *Extra ball*, Créampie, BDSM, *In-call, Facesitting*. Pour indiquer leurs tarifs, elles parlent de roses : trente minutes, 150 roses; une heure, 250 roses; puis les extra, supplément sodomie ou éjaculation faciale. Tout est carré comme une fiche technique d'un produit sur Amazon.

Par curiosité, je clique sur «inscription», sur un site gratuit, l'interface ressemble à celui de Meetic. Je me crée une adresse mail : mathilda.escort@mail.com. Mathilda, je trouve que

1. Et si c'était la solution?

cela sonne bien. C'est doux, suggestif, féminin, comme tous ces prénoms qui se terminent en A et qui sans être prononcés renvoient à la chaleur de la Méditerranée. Émilia, Ella, Yasmina, Sophia, Guilia, Paola. Il suffit d'une lettre pour que naisse le fantasme. Marcelle n'est plus la même femme lorsqu'elle s'appelle Marcella et les hommes, sans même l'apercevoir, ont déjà le sentiment de la deviner et de la désirer.

Je sélectionne une photo de moi en lingerie, un cliché pris pour satisfaire l'appétit voyeur d'un amoureux non transi, et pour assouvir sur l'instant mon besoin de flatteries. Je suis une jeune femme pulpeuse, loin du standard des mannequins de chez Elite, mais bien apprêtée et accoutrée de fanfreluches qui compressent le surplus et pigeonnent le manquant, je me trouve jolie et féminine. Je ne rédige aucun texte de présentation, rien ne me vient à l'esprit, mise à part : à vendre contre bons soins ! Je note simplement dans la case « coordonnées » mon nouvel e-mail. En quelques minutes, mon annonce est en ligne et je suis submergée de messages quelques heures plus tard.

« Bonjour, vous êtes ravissante et je souhaiterais vous rencontrer, Éric, 59 ans, très doux. »

« Vu sur Lovedreams.com, vous êtes disponible tout de suite pour venir à Valmy, Lyon 9 ? Fred, 45 ans. »

« Bonjour, pouvez-vous m'indiquer quels sont vos tarifs et prestations ? Charles, 53 ans. »

« Bonjour Mathilda, qu'il est plaisant de découvrir vos photos voluptueuses qui invitent aux plaisirs des sens. Un vent de fraîcheur et de nouveauté souffle sur le site et j'aimerais tourbillonner à vos côtés. J'espère vous lire et vous charmer. Jean-Jacques, 62 ans. »

«Hello Mathilda, je m'appelle Vincent, j'ai 35 ans, sportif, plutôt pas mal, 1m80, Français. Je cherche à réaliser un fantasme un peu spécial à domicile Lyon 1ᵉʳ. J'aimerais être masturbé pendant que vous me forcez à renifler vos pieds, odorants si possible. Est-ce que cela peut vous intéresser ? Au plaisir. »

«Dispo 30 minutes pour fellation, 100 euros ? Medhi»

«Tarifs et prestations ? »

«Bonjour charmante demoiselle, je suis en déplacement dans un 4 étoiles de la Presqu'île. Je m'appelle Thierry, 52 ans, allure normale. Je serais ravi de vous recevoir pour 2 heures. Pouvons-nous échanger ? »

C'est inattendu, je n'imaginais pas recevoir une telle quantité de messages en quelques instants. Les hommes souhaitent un rendez-vous, me laissent une petite description d'eux, de leurs désirs et parfois joignent une photo. Je ne réponds pas, je lis simplement les mails et reste parfois médusée face aux demandes farfelues bien que, pour la majorité, les fantasmes exprimés n'ont rien d'extravagant, et rares sont ceux qui entrent dans les détails de la prestation sexuelle. Mais envisager de se prostituer est une chose, passer le cap est bien plus difficile. Je n'ai pas le courage pour cette première rencontre ni l'aplomb suffisant pour répondre à un e-mail courtois et charmant. Je suis tiraillée entre le bien et le mal, entre mon empreinte judéo-chrétienne et ma soif d'adrénaline mêlée à mon besoin de liberté. Je me trouve ridicule de vouloir monnayer mon corps, juste parce que mon quotidien est platonique et rempli de désillusions. Mais je veux vivre différemment, ne plus subir, mais être actrice de ma vie de femme. Je n'ai pas tout quitté deux ans plus tôt pour me laisser enfermer dans une existence qui

1. Et si c'était la solution ?

ne me ressemble pas. Alors, peut-être que oui, pour une fois, je pourrais être libre de mes choix et me prostituer si j'en ai envie, sans sentir en moi toute la pression de la société qui me dit que je n'en ai pas le droit et que cela ferait de moi une femme qui ne se respecte pas.

2. Mes copines font des extras

— Qu'est-ce que nous commandons, Coralie ?

— Coupe de champagne et une planche pour grignoter. Ça te va, Mathilde ?

Je suis sur la terrasse du K, bar-club branché dans le quartier chic des Brotteaux. Les champignons chauffants apportent de la chaleur en ce soir du mois de mars 2012. Bien que happée par ses nouvelles études, mon amie a sorti pour une fois la tête du code pénal. Coralie n'est pas de ces femmes sur qui l'on se retourne dans la rue, c'est son charme qui fait sa beauté, cette froideur qui glace certains ou qui donne envie à d'autres de la réchauffer. Elle n'est ni avenante ni sympathique, elle se donne un air de petite bourgeoise étriquée que l'on ne peut pas approcher. Mais elle est entière et franche quand elle brise sa carapace, ce qui nous a fait nous lier d'amitié depuis quelques mois. Ne pas s'arrêter aux *a priori*, c'est ce que la vie m'a appris.

— Coco, je voudrais te parler d'une chose que j'envisage de faire, mais j'ai un peu peur de te choquer.

— Me choquer, quand même, c'est fort, je ne suis pas si coincée ! Qu'est-ce que tu as envie de faire qui pourrait être choquant ? Tu peux me parler de tout, ne t'inquiète pas.

— Je vais aller droit au but, je me suis inscrite sur un site. Un site d'*escorting*. Je n'ai rencontré personne pour le moment, mais j'ai posté une annonce. Je réfléchis à expérimenter ce type de rencontres, mais je n'arrive pas à me lancer. J'ai peur, mais je ne sais pas de quoi.

— C'est drôle que tu me parles de cela, je ne m'y attendais pas. Mais je vais te mettre à l'aise, je te comprends parfaitement, je pratique l'*escorting* depuis quelque temps déjà.

Je suis stupéfaite et je me retrouve, moi, choquée, comme prise à mon propre piège. Elle qui se fait passer pour une petite vierge effarouchée est en réalité *escort girl* ? Elle que l'on a envie d'appeler « Madame », dans son tailleur chic et avec ses allures maniérées ? Je côtoie finalement peu de filles à Lyon, quelle était la probabilité pour qu'une soit prostituée ? Est-ce vraiment plus courant que ce que j'imagine ? Est-ce une simple coïncidence ? Je ne me suis jamais doutée qu'elle pouvait avoir ce type d'activité. C'est vrai qu'elle arbore un sac de luxe, s'est fait refaire le nez à la clinique du Parc, vient de reprendre ses études à l'âge de 27 ans et qu'elle ne travaille pas à côté. Mais ce n'est pas évident comme rapprochement, et elle ne correspond pas à l'image que l'on se fait d'une fille de joie : elle n'est ni vulgaire ni perdue, je ne l'ai jamais vue prendre de drogue, elle semble heureuse, épanouie et n'a jamais évoqué avoir subi des sévices. C'est une vision très réductrice, mais c'est celle qui est médiatisée quand nous évoquons les profils des prostituées.

— Coco, tu te joues de moi ? Ne dis pas n'importe quoi ! Toi, tu es *escort* ? Attention, ne vois pas en mon étonnement une forme d'insulte, mais admets que ton annonce est inattendue.

— Je suis une jeune femme surprenante, et tu sais, ce n'est pas si compliqué que cela y paraît. Il faut être prudente, sélectionner les clients. Si tu veux, je t'explique le fonctionnement et t'aide à te lancer. Pour commencer, tu dois avoir un téléphone professionnel et t'inscrire sur le site 6annonce, c'est le meilleur. Sur les autres, la clientèle est merdique et c'est du 100 balles de l'heure. Celui-ci est payant pour les filles, 150 euros par mois, normalement c'est 300, mais j'ai un lien spécial pour payer moins cher depuis la France. De toute façon, c'est vite rentabilisé et c'est assez simple de mettre en place tout ceci. C'est d'ailleurs très courant comme hobby. Je ne devrais pas te le dire, il faut que tu gardes le secret, mais Delphine n'est pas vraiment mannequin ! Elle travaille pour une agence à Genève, en Suisse c'est légal. En revanche, tu n'es pas indépendante. La tenancière t'envoie en mission quand un client te sélectionne et tu n'as rien à dire.

Je me prends un second électrochoc. Delphine ? La jeune femme avec qui je déjeune chaque jour ? Celle qui tous les matins, avant d'entrer dans le cabinet juridique, passe par le journal en criant sur le pas de la porte de mon bureau : «Allez Math,' bon courage pour ta mat' !», d'un ton rieur, semblable à un humoriste qui a trouvé la vanne du siècle et qui ne s'en lasse jamais. Et qui, le soir venu, me dit toujours aussi pleine de vie : «À d'main Math,' je passe dans la mat' ! Je rentre voir mon chéri, ce soir, c'est spaghetti !»

Cette Delphine ? Toute sage et toute mignonne du haut de son mètre soixante-quinze, de ses courbes parfaites et de sa peau si délicieusement dorée qu'elle fait de l'ombre à la tour Eiffel quand elle est en train de scintiller ? Cette Delphine qui n'a jamais su m'expliquer pourquoi elle associait une partie de jambes en l'air à un plat de pâtes ?!

— C'est le fait de s'emmêler et de se tortiller ? C'est parce qu'elle est longue et fine ?

— Non, c'est parce que spaghetti, c'est joli !

Je la fréquente quotidiennement depuis presque deux ans ! Suis-je si crédule ? Quel est ce monde caché, qui apparemment fait un grand nombre d'adeptes ? Serait-ce donc finalement très courant ? Ces filles ont une vie en apparence des plus ordinaires, job, études, mec, appart', vie sociale.

— Coco, pourquoi fais-tu cela ?

— Parce que je suis célibataire et que je préfère me faire payer plutôt que de me faire avoir par les hommes. Pour l'argent aussi, et pour la liberté qu'apporte ce mode vie. Grâce à cela, je peux reprendre mes études sans être dans la précarité. Je m'offre un nouvel avenir et je trouve cela plaisant d'être une séductrice, car il ne faut pas croire que tous les hommes traitent les *escorts* comme de la marchandise. Ce n'est pas vrai, je suis plus souvent conseillère conjugale que poupée gonflable. Tout n'est pas paillettes, mais si tu te fixes un code de conduite, alors tu minimises les risques de mauvaises rencontres.

Ces révélations me donnent l'élan et le courage qui me manquent. Partager cela avec Coralie devient simple, ce n'est plus un voyage en solitaire dans un monde inconnu. Je suis initiée et j'ai un témoignage, non pas à travers un reportage trash d'*Enquête exclusive*, mais en face à face, avec une jeune femme que je connais et qui à présent se livre sans réserve. De son côté, elle a été initiée par une fille qui avait elle-même était initiée par une autre. Elle me narre que nombreuses sont les jeunes femmes qui exercent à la suite d'une rencontre ou d'une opportunité non préméditée, et qui évoluent ensuite dans l'ombre et sans qu'aucun soupçon ne plane sur elles, car un statut social conventionnel permet de semer le doute.

Je suis ses conseils, achète un téléphone prépayé et refais une annonce sur Internet. Je m'applique, élabore un joli texte de présentation qui vante mes qualités humaines, mon altruisme, ma frivolité et j'ajoute quelques photos, visage et tatouages floutés. Je supprime mon profil sur Adopteunmec.com, valide mon inscription sur 6annonce et n'ai pas l'impression qu'il y a grande différence entre ces deux sites. L'objectif est de faire des rencontres, d'accéder aux plaisirs charnels, pour l'un en faisant rêver sa future partenaire, pour l'autre en la rémunérant.

Mi-mars 2012, dès la parution de mon annonce, mon mobile n'a de cesse de sonner. Le marché dans le secteur de la prostitution est inimaginable quand nous n'y sommes pas confrontés directement. Je ne parle pas d'une dizaine d'appels par jour, mais d'une cinquantaine. Et sur ce site Internet échappant par je ne sais quel moyen à la réglementation contre le proxénétisme, nous payons pour être référencées et pouvons afficher nos tarifs. Le mien, en tant que débutante, est de 250 euros de l'heure. Une cinquantaine d'hommes tentent donc de me joindre chaque jour, en étant prêts à débourser 250 euros pour s'offrir une partie de jambes en l'air avec une professionnelle du sexe, ce que je ne suis pas, bien évidemment. Néanmoins, j'ai toujours eu une aisance relationnelle et au téléphone, j'ai exercé plus jeune des missions de téléprospectrice. J'ai vendu des cures minceur et du vin. Alors, quand on est

2. Mes copines font des extras

capable de faire acquérir à quelqu'un une caisse de cru millésimé à 1 000 euros, sans qu'il ne l'ait goûté, simplement à la force d'un argumentaire bien rodé et d'une voix suave, autant dire que se vendre soi-même est un jeu d'enfant. Il suffit d'établir un discours, d'être souriante, dynamique et l'interlocuteur est ferré.

Mes premiers échanges sont hésitants et timides. Je ne sais pas quelles sont les attentes et demandes de ces hommes ni ce que je suis capable de leur proposer. Parler de sexe avec son partenaire n'est pas chose simple, alors avec un inconnu c'est déstabilisant.

Au départ, je me familiarise avec le vocabulaire du métier et m'oriente sur un créneau, celui du GFE, en anglais *Girl Friend Experience*, c'est-à-dire le rôle de la petite amie. Je ne propose aucune pratique extrême ou scénario, rien qui me déplaît, pas de domination et encore moins de soumission. J'embrasse, mais je n'avale pas, je vends mon cul, mais ne me le fais pas pénétrer. Payer pour avoir des relations sexuelles aussi ordinaires qu'avec sa femme, il y a une clientèle pour cela, et c'est celle qui m'intéresse.

Mon plus gros problème est l'âge des messieurs qui entrent en contact avec moi. La plupart ont 50 ans et plus, je n'ai pas 30 ans et j'ai peu d'expérience. Je ne suis pas une jeune vierge effarouchée, je vis ma sexualité comme un garçon célibataire de ma génération pourrait s'autoriser à le faire. Mais je ne suis pas prête à franchir le cap de l'homme mûr, pas pour ma première fois en tant qu'*escort*, j'ai besoin de débuter ce jeu sur un terrain familier.

3. Un prix qui fait de moi une prostituée

Il est 12 h 27, le jeudi 15 mars 2012 lorsque je prends l'appel, au journal, entre deux fourchettes de ma salade composée, posée presque sur le clavier de mon ordinateur. J'avale ma bouchée, et d'un air naturel et détendu, je m'élance dans cet exercice vocal que je pratique depuis quelques jours.

— Oui, allo ?

— Bonjour Mathilda, je suis Jérémy, j'ai 35 ans. Je t'appelle concernant ton annonce, serais-tu disponible ce soir ?

Ce soir, c'est parfait, cela ne me laisse pas trop le temps de réfléchir et j'ai suffisamment de travail au journal pour occuper mon esprit. Je ne crains pas qu'il puisse m'arriver quelque chose de mal, que je sois frappée, violée ou droguée. L'angoisse que j'essaie d'amoindrir en me plongeant la tête dans mes dossiers est semblable au trac que l'on ressent lors d'un entretien d'embauche ou à l'ouverture des rideaux un soir de représentation artistique.

Je sors du bureau à 17 h, sans rien avoir clôturé de mes tâches à effectuer. Finalement, j'ai travaillé sans travailler, j'ai pensé sans penser à rien, j'ai divagué. Je prends le bus C3 qui me ramène jusqu'à chez moi, il est bondé et la circulation est dense à cette heure-ci. Le trajet dure une trentaine de minutes, j'ai l'impression d'être hors de mon corps. Il y a des dizaines de personnes autour de moi, mais je ne vois personne, n'entends rien malgré le brouhaha de la foule qui se presse dans les transports en commun. Je suis comme dans une bulle. Une bulle de stress mêlée à de l'excitation. Mon cœur bat vite, j'ai des palpitations, les mains moites et les joues rouges. Je pourrais m'évanouir, là tout de suite, sur le plancher du bus, mais il arrive au niveau de mon arrêt, place Grandclément, je dois descendre.

Je fais un détour par Carrefour avant de rentrer chez moi, achète une bouteille de vin blanc et la place au congélateur pendant que je me douche. Je prends mon temps, me rase les jambes, me lave les cheveux soigneusement. En sortant, la serviette encore humide autour de mon corps, je me sers un verre. La bouteille n'est pas très fraîche, qu'importe, je m'en sers un deuxième, m'allume une cigarette, puis une autre. Je me fais un brushing impeccable, je suis blonde presque platine et ma longueur tombe aux épaules. J'opte pour un maquillage de soirée, un *smoky-eyes* un peu trop appuyé. J'enfile une paire de bas, un joli tanga noir et un soutien-gorge *push-up*. Je choisis une robe dans la même teinte, courte, mais évasée pour ne pas marquer mes hanches et mes cuisses trop grasses. Je la resserre d'une ceinture pour souligner ma taille qui est plutôt fine. Pour terminer ma tenue, je chausse une paire d'escarpins de douze centimètres. Je m'observe face au miroir dans ma petite chambre de dix mètres carrés, me trouve jolie, même si je ne suis pas sûre de moi et un peu tremblante. J'ai des rondeurs et ne corresponds pas aux standards du métier. Je me rassure en me disant qu'il a vu mes photos et sait bien que je ne suis pas filiforme. C'est idiot, je me soucie de savoir si je vais lui plaire. Est-ce qu'il pourrait me dire en ouvrant la porte : « Non, rentre chez toi, tu es trop moche. »

Est-ce que ce genre de chose arrive ? Sûrement. Et c'est ce qui m'effraie le plus à cet instant.

Je me sers encore un dernier fond de verre dans la cuisine et croise ma colocataire Aurore.

— Où vas-tu toute pimpante un jeudi soir ?

— Je sors dîner avec Coralie.

— Tu es bien belle, tu es certaine que c'est avec Coco que tu sors dîner ?

— On n'est pas à l'abri de croiser le prince charmant ! Si tu veux un verre, le vin est au frais, moi je file.

— Embrasse-la pour moi et faites attention à vous.

Les quelques gorgées de vin ont apaisé les palpitations de mon cœur. Je monte dans ma voiture et, pendant le trajet qui dure quarante minutes, j'enchaîne les cigarettes. Je me demande ce que je suis en train de faire : « C'est de la folie, c'est n'importe quoi, c'est sûrement dangereux, tu te rends compte, tu vas faire la pute quand même, ce n'est pas rien. » Je compose le numéro de Coralie pour lui partager mes émotions et obtenir le soutien de cette femme avertie.

— Allo, Mathilde, tu es en route ? Comment te sens-tu ? De toute façon, ce n'est ni ton premier rencard ni ta première fois !

— Je me sens comme une jeune pucelle ! J'ai chaud, je suis excitée et en même temps je suis un peu effrayée.

— C'est normal, et tu serais dans le même état si tu avais rencontré ce mec sur Internet sans le côté tarifé. Dis-toi simplement que tu vas faire une nouvelle connaissance. J'ai aussi un rendez-vous ce soir, il doit passer chez moi dans trente minutes. Tu me rappelles si ça ne va pas ou pour me raconter quand tu seras sur le chemin du retour.

J'arrive dans cette petite ville à l'extérieur de Lyon, déconcertée par ce que je m'apprête à faire. Je stationne mon véhicule sur le parking de la copropriété. Il n'y a pas âme qui vive, pas un bruit et la nuit est plongée dans le noir le plus complet.

Je prends un chewing-gum menthe forte dans mon sac à main et m'asperge de *Coco Mademoiselle* pour ne pas trop sentir la cigarette. Durant les quelques pas que je dois effectuer pour rejoindre le domicile de Jérémy, l'écho de mes talons me résonne dans la tête, je suis comme étourdie par moi-même, à moins que ce soit le vin blanc que j'ai bu aussi vite qu'un Perrier un jour de canicule ? J'inspire profondément, fixe un sourire de commerciale sur mon visage, je suis devant la porte. Que va-t-il se passer, à quoi va-t-il ressembler ? Je suis pleine d'adrénaline. J'ai l'élastique autour des chevilles, je suis au bord du pont face au vide, je saute : toc-toc.

Le jeune homme m'ouvre la porte avec un large sourire et un regard qui me balaye, me scanne presque. Je suis directement frappée par son allure sportive, il n'est pas très grand, brun, son visage est carré, lisse, juvénile. Il est très dessiné, structuré, comme fabriqué. Il ne doit pas compter ses heures à soulever de la fonte en salle de sport ni à s'épiler les sourcils. Il a un physique à mi-chemin entre un bodybuilder et un rugbyman. Il ne correspond pas à ce que je me suis imaginé. Pour moi, si un garçon paie, c'est qu'il doit être moche, gros et sans doute un peu dégoûtant, sinon il n'aurait pas besoin de payer.

Pourquoi faire appel à une *escort* quand certainement la moitié des filles de la salle de sport veulent passer une soirée avec lui ? Je suis agréablement surprise et la pression de toute cette journée commence à redescendre. Je mets pour la première fois un visage sur un client des prostituées et je trouve ce jeune homme aussi ordinaire que tous ceux que je croise en allant au bureau. Il pourrait être mon conseiller bancaire, mon vendeur de chez Décathlon ou le RH qui m'a recrutée au journal. Au premier abord, je ne décèle rien chez lui qui le différencie d'un honnête homme.

Son appartement est coquet, sans prétention. Il m'accueille dans une petite pièce de vie agréable et soignée, à son image. Un écran plat est accroché au mur et une console de jeux vidéo se trouve en dessous. Quelques plantes vertes habillent la salle et dans un coin un Tancarville sur lequel caleçons et tee-shirts étendus soigneusement sont en train de sécher.

Il m'invite à prendre place sur le canapé clic-clac accolé au mur de la chambre juste derrière, elle est plongée dans le noir. J'essaie d'être à l'aise et de faire connaissance naturellement, mais ma nervosité a pris le dessus sur mon aplomb. Je ne sais pas comment mener cette danse que je découvre. Puis-je lui poser des questions personnelles ? Est-ce que cela se fait ? Ou devons-nous nous cacher l'un de l'autre ? Qui est le plus dans l'illégalité ? Nous sommes adultes et consentants, mais pouvons-nous nous désolidariser ? Est-ce que je peux me dévoiler face à lui ? Dois-je poser ma main sur sa cuisse quand il me parle ? Est-ce que c'est à moi de faire le premier pas ? À quel moment dois-je passer à l'action ? Quels sont les us et coutumes de ce métier ? Je n'ai pas le mode d'emploi pour la prostitution et il n'existe pas

3. Un prix qui fait de moi une prostituée

*L'escorting *pour les nuls*! Je me rends compte que Coralie m'a appris la technique, mais ne m'a rien enseigné sur la pratique.

Je sens Jérémy un peu tendu, pas très avenant. Je suis comme lui, en pire, mais si nous occultons l'enveloppe qu'il m'a donnée en début de rencontre, nous évoluons comme deux jeunes gens qui tentent de s'apprivoiser lors d'un premier rendez-vous galant. Il ne soupçonne pas que c'est ma première expérience d'*escorting,* et je ne l'interroge pas sur ce qui le pousse à faire appel à ce service. Ton boulanger ne te questionne jamais :

— Mais enfin, pourquoi venez-vous acheter mon pain ?

— C'est vrai qu'il n'a pas l'air bien cuit, je vais aller ailleurs, merci !

Il m'offre un whisky et même si je n'aime pas cela, le pur malt apaise les palpitations de mon cœur, l'effet du vin blanc s'est volatilisé en même temps que ma prise de conscience sur le parking. L'échange verbal entre nous ne dure pas très longtemps, il ne s'est pas offert cet extra pour épiloguer. Il balaye le sujet du sport, de l'hygiène de vie, mais ne dévoile rien de personnel, et je ne lui pose pas de question. Je reste distante pour ne pas être intrusive. Nous devons nous cacher, moins tu en sais, mieux ce sera, moins tu en dis, moins tu auras de problèmes.

Il m'entraîne rapidement dans la chambre. Son physique agréable joue en ma faveur. Je couche avec lui, comme on se fait déflorer par un homme que l'on n'aime pas vraiment et dont le temps effacera les souvenirs. Une pipe, un cunni, une levrette. Pas de fessées ni de tirage de cheveux, pas de mots crus non plus. Juste un acte, sans fioriture ni folie, sans saveur autant pour lui que pour moi. Une première fois sans frissons ni dégoût, semblable à un millier de premières fois dans la vraie vie. À une différence près, je suis repartie moins d'une heure plus tard, avec l'enveloppe contenant les 250 euros dans mon sac à main, le prix qui fait à présent de moi une prostituée.

— Comment s'est passé ce premier rendez-vous ?

— Pourquoi le mec paie ? Il était beau gosse, gentil, propre et il n'avait même pas l'air con. En une heure de temps, le seul reproche que je lui trouve, c'est qu'il n'est pas le coup du siècle !

— Ils le sont rarement ! Mon client de ce soir ne l'était pas non plus ! Pourtant, c'était un médecin. On s'attend à ce qu'ils connaissent notre corps parfaitement, mais je crois que la subtilité féminine ne s'apprend pas dans les bouquins.

— S'il est généraliste, il doit plus souvent être confronté à des gorges infectées qu'à des petites chattes mouillées ! Il faut tester les gynécologues !

— Jamais fait ! J'imagine qu'en sortant du boulot, ils ont envie de tout voir, sauf une nana sans culotte ! Et sinon, comment te sens-tu ?

— Moins pauvre ! J'ai 28 ans et même si j'ai plusieurs années de couple derrière moi, il y a longtemps que j'ai explosé les statistiques du nombre de partenaires au cours de la vie d'une femme ! C'était semblable à une partie de jambes en l'air avec un mec qui m'aurait fait rêver juste pour me déshabiller. Mais ce soir, je ne vais pas m'interroger pour savoir pourquoi il ne me rappelle pas !

Je rentre chez moi en ayant simplement le sentiment d'avoir passé la soirée avec un jeune homme, non pas avec un client. Nous avons brûlé quelques étapes et sans doute nous ne nous reverrons jamais, mais est-ce si différent de ma vie de célibataire ? Et je ne me sens ni sale ni salie, je ne me frotte pas sous la douche plus qu'à l'habitude et ne suis pas en conflit avec mon amour-propre. Une enveloppe ne fait pas de moi une femme moins respectable que celle que j'étais encore le matin même ni une pauvre fille victime des hommes.

4. Payer, ce n'est pas tromper

— On déj aux Terreaux Math' ? Il y a un nouveau bar à salades !
Mathilde, pourquoi tu me regardes comme ça ?

Si Coralie ne m'avait pas donné ce lourd secret à garder, j'aurais
partagé mes nouvelles aventures avec Delphine. Mais comment
aborder le sujet sans la contraindre à se dévoiler ? Je n'ai pas
envie qu'elle me mente, je préfère qu'elle ne me dise pas toutes
ses vérités.

— Pardon Delphine, j'étais dans mes pensées. Ton *shooting*
d'hier s'est bien passé ?

— Oui, comme d'hab' !

— C'est pour une campagne d'affichage, c'est bien cela ? Elle
sort quand ?

— Oh ! Je ne sais pas, il n'y a jamais de date fixe.

Le jugement des autres, la crainte de l'incompréhension et la
peur de passer pour des écervelées qui ne peuvent rien de mieux
que vendre leurs fesses contraignent les jeunes femmes à se
cacher. Il n'est pas évident de se détacher d'une image dévastée
par un secteur d'activité empreint aux critiques et à la censure.
Pourtant, après mon premier rendez-vous en tant qu'*escort*, ce

mode de rencontres me paraît évident. Les demandes et désirs des hommes n'ont rien d'effrayant. Ils me contactent poliment, sans vulgarité, parfois en paraissant timides et sans autre souhait que de vivre un moment dans le respect mutuel. Je ne choisis pas mes partenaires sur photos comme sur un site classique, mais je les sélectionne attentivement. Il suffit qu'un homme me tutoie sans mon accord pour que je mette fin à notre échange téléphonique, ou qu'il me fasse parvenir trop de messages avant notre rendez-vous pour que je l'annule. S'il change de prénom et d'âge à chacun de ses SMS, je n'y réponds pas. J'ai l'historique de toutes les conversations. Eux les suppriment certainement pour ne pas laisser de preuves et ne se souviennent plus de leur couverture, mais moi je conserve tout. Quand je refuse un rendez-vous, j'enregistre systématiquement le numéro sous la dénomination « Blacklist ». Une intonation de voix, une pratique qui me déplaît, une faute d'orthographe, je suis intolérante et ne laisse jamais de seconde chance aux hommes. Mais certains ont dû mal à accepter que je puisse être sélective :

« Tu te prends pour qui ? Tu n'es qu'une grosse pute de merde, je vais bousiller ton annonce, mettre des commentaires sur toi, sale pute ».

« Française de merde, on sait où tu habites, on va te retrouver, je vais venir avec des potes, on va te violer, tu ne mérites que ça, grosse pute de Française. Tu te prends pour une femme, tu n'es qu'une chienne, salope ».

Tous les hommes ne sont pas courtois et charmants dans ce milieu, mais je ne réponds jamais aux attaques et aux messages odieux. Accorder de l'importance à ce type de personnalités ne ferait qu'accentuer leurs fantasmes grotesques de domination.

Et si je n'avais pas été vigilante et exigeante, sans doute aurais-je eu des problèmes avec eux.

Franchir le cap d'une rencontre avec une personne d'âge mûr ne me semble pas plus insurmontable qu'avec un trentenaire. Je découvre que les hommes matures ont ce petit plus de délicatesse que les jeunes n'ont pas. Ils sont ridés, mais sont élégants, courtois et respectueux. Je n'en demande finalement pas plus. Je me limite aux cinquantenaires actifs et sportifs, aux hommes qui sur le papier n'effraient pas mon manque d'expérience.

— Bonjour jolie dame, je me nomme François. J'ai 53 ans, mince et tonique. J'aimerais pouvoir vous rencontrer. Je peux vous accueillir à mon hôtel à Lyon Part-Dieu pour deux ou trois heures ce mardi, à partir de 19 h 30. Nous pourrions faire connaissance en dégustant quelques sushis accompagnés d'une belle bouteille de vin blanc. Si cela vous intéresse, je peux vous envoyer une photographie. Indiquez-moi vos souhaits et tabous éventuels. Je vous souhaite une belle soirée, François.

— Bonjour François. Merci pour votre message très agréable. Je peux me rendre disponible ce mardi. Je vous propose que l'on échange par téléphone, ce sera plus sympathique. Je marche au *feeling* et à la simplicité. Appelez-moi en fonction de vos disponibilités. Bien à vous, Mathilda.

J'accepte ce rendez-vous, car lorsqu'un homme me propose un dîner ou un apéritif, je sais que je ne suis pas une marchandise, que mon hôte ne me commande pas seulement pour satisfaire ses besoins primitifs. Il espère une ambiance chaleureuse, dans laquelle le jeu de la séduction et la découverte de l'autre ont davantage d'importance. Je n'apprécie pas de recevoir une photo, je préfère les rencontres à l'aveugle, mais les hommes m'an-

4. Payer, ce n'est pas tromper

noncent souvent leur taille et leur poids même si je ne prends jamais l'initiative de cette question. J'occulte le physique, et si un homme est élégant, soigné, respectueux, alors il en devient charmant. Mes amoureux n'ont jamais été des canons de beauté. J'aime lire une histoire sur un visage, non pas admirer un dessin.

Je rejoins François dans un appart'hôtel de l'avenue Berthelot, dans le 8e arrondissement de Lyon. Avant de prendre possession de la chambre, nous faisons connaissance autour d'un Perrier tranche sur la terrasse du bar de l'hôtel, au fond d'une petite cour intérieure verdoyante sans autres clients pour venir déranger notre rencontre confidentielle.

— François, que viens-tu faire dans notre belle ville de Lyon ?

— Je suis ici plusieurs jours par semaine, je suis juge. Je vis à Bordeaux, mais pour le moment je n'ai pas de poste dans ma région. J'espère bientôt ne plus faire les déplacements et obtenir ma mutation.

Dans la chambre, nous échangeons sur les particularités de son métier, même les hommes de loi l'enfreignent, et sur sa vie personnelle. Son épouse est atteinte d'un cancer depuis plusieurs années et vit à présent en maison médicalisée. C'est pour cela qu'il s'accorde ce genre d'extra, pour s'évader d'un quotidien devenu trop lourd et d'une solitude pesante. La solitude est un mot qui revient régulièrement lors de mes rencontres ou des sollicitations des hommes.

— Mais toi, Mathilda, tu n'es pas faite pour cette vie-là. Tu n'as rien à faire dans ce milieu. Je ne te connais pas beaucoup, mais tu dégages quelque chose. Tu as de la repartie, tes yeux sont vifs et pétillants. Quelle est ton histoire, qu'est ce qui t'a menée à ce genre de rencontres ? Tu n'es pas obligée de me répondre.

Pourtant, c'est parce que mes yeux sont vifs et brillants que l'*escorting* est fait pour moi. Aussi fou que cela puisse paraître, je suis heureuse d'être là ce soir. Découvrir cet homme, l'écouter, lui exposer mon parcours sans triche et sans jeu d'actrice, car après ma première expérience, j'ai décidé d'être moi-même durant mes rendez-vous et de m'autoriser à vivre ces rencontres aussi naturellement que lorsque les hommes ne me rémunèrent pas. Nous partageons le plateau de sushis de chez Matsuri, je lui relate mon histoire et ressens son désir monter à chacune de mes bouchées et de mes paroles prononcées. Je l'autorise à mettre sa main sur ma cuisse quand il s'approche de moi pour remplir mon verre de Saint-Véran, puis lui donne la permission de déboutonner mon chemisier et le laisse descendre délicatement jusqu'à ma féminité. Car, contrairement à ce que nous imaginons, lors de ces rendez-vous, je suis celle qui dicte la conduite à tenir et qui établit les règles. Les hommes ne se permettent pas ce qu'ils veulent, mais font ce que je leur consens.

Accepter des rendez-vous me donne le sentiment d'être vivante, d'exister, de ne plus être celle qui subit, mais qui s'épanouit dans un art et dans une nouvelle façon d'appréhender la vie. Je ne suis plus isolée ni cloisonnée dans mon schéma métro-boulot-dodo. Je sors, fais la connaissance de personnes intéressantes qui me valorisent, m'élèvent intellectuellement et me permettent d'accéder à un rang social qui m'était jusqu'alors inconnu. Je fréquente des cadres supérieurs, des chefs d'entreprise, des artistes et des politiques. Mon poste au journal me permet d'avoir une connaissance du tissu économique lyonnais et national, alors je brille devant eux durant nos rendez-vous, en leur exposant mes quelques notions acquises à la lecture

4. Payer, ce n'est pas tromper

des hebdomadaires. Je me sens pour la première fois glorifiée par les hommes qui ne me content pas fleurette pour me manipuler. Lorsqu'il n'y a pas d'obligation de résultat, il n'y a aucun mensonge. L'attention et l'intérêt qu'ils me portent sont sincères et dénués de pression relative à une forme d'engagement. Nous échangeons avec une grande honnêteté sur nos vies respectives et notre quotidien.

La journée, quand je suis à mon poste au journal, je ferme la porte de mon bureau, prends les appels et réponds aux messages. À la salle de sport que je fréquente beaucoup plus régulièrement, pour façonner mon nouvel outil de travail, mon téléphone est à côté de moi. Et Coralie aussi, car dorénavant nous ne nous quittons plus, cette activité forge entre nous une réelle complicité. Je m'aperçois qu'elle côtoie très peu les bancs de la fac et son code pénal me semble bien trop poussiéreux pour être régulièrement feuilleté. Nous allons au sport ensemble, nous nous retrouvons avant ou après nos rendez-vous, parfois elle m'accompagne même le temps d'un après-midi chez mes parents ou me retrouve à la colocation.

— Où sors-tu encore ce soir, Mathilde ?

— Je retrouve Coralie.

— Tu ne la quittes plus ! Le sport, les soirées, tu es amoureuse ?

— Aurore, arrête tes bêtises. C'est juste que je l'apprécie, c'est mon amie.

— Je trouve tout de même un peu étranges toutes tes sorties.

— Si tu n'avais pas encore dix ans d'études devant toi, je suis certaine que tu viendrais t'amuser avec nous.

Il m'est impossible de dire la vérité à Aurore, qu'elle puisse chaque soir vérifier si je suis rentrée, qu'elle s'inquiète pour moi et que mon choix devienne un poids pour elle et un frein dans ses études. Je ne veux pas que son esprit puisse être perturbé par une vie qui ne lui appartient pas. Je sais que ce n'est pas ce que l'on souhaite pour son amie, sa fille ou sa sœur. Le milieu dans lequel j'évolue n'a pas bonne presse et il y a beaucoup d'inquiétudes face à cette activité. La violence, la drogue, le sexe *hardcore*, l'inconnu effraient. Quand nous pensons prostitution, nous imaginons le bois de Boulogne, les clients violents au gros bide et aux fringues dégueulasses, les filles qui sucent pour 20 balles pour pouvoir se shooter, et les maquereaux qui viennent les dépouiller après les avoir tabassées et forcées à se vendre. C'est très loin de ma réalité, même si celle-ci existe aussi. Et en fervente défenseuse des libertés, cette face de la prostitution me scandalise. C'est un métier qu'il faut exercer de son plein gré et qui demande maturité et réflexion. On ne peut pas se prostituer à 16 ans, découvrir la et sa sexualité par ce biais. À l'âge où nous rêvons d'amour, le sexe avec un inconnu n'a pas sa place. Dans cette période innocente qu'est la découverte de soi et de l'autre, les rencontres tarifées n'ont pas lieu d'exister. Et ce n'est pas anodin d'être détachée de son corps, du physique de l'autre, d'effectuer un acte sexuel, quand nous apprenons aux petites filles dès le plus jeune âge que le sexe ne peut être dissocié de l'amour, que coucher le premier soir c'est être une salope et qu'avoir plus de cinq partenaires au cours de sa vie, c'est être une pute.

J'ai pleinement conscience que des mineures incitées par des hommes peu scrupuleux se retrouvent malgré elles dans la tourmente de cette activité. Que des femmes à qui l'on promet un avenir meilleur sont contraintes de devoir exercer sous peine de représailles diverses ! C'est cet aspect de la prostitution que la plupart d'entre nous connaissent. Celui dont les médias parlent et dont on se sert pour établir les lois qui régissent ce secteur d'activité. On prend ce qu'il y a de pire, on en fait une généralité et l'on se dit que pour le bien de tous, il faut réprimander, endiguer, interdire et abolir.

Depuis des siècles, d'après mes recherches Wikipédia, la France ne sait pas sur quel pied danser vis-à-vis de la prostitution. En 1254, les prostituées sont chassées des villes par la royauté, tous leurs biens sont saisis et les proxénètes doivent s'acquitter d'une amende. Deux ans plus tard, le même roi, Louis IX, revient sur cette interdiction et invite les prostituées à exercer, mais de manière cachée et en dehors des villes. Trois ans plus tard, la prostitution est de nouveau illicite. Deux cents ans après, la réglementation n'étant pas inscrite aux codes des lois révolutionnaires, l'activité est de nouveau dépénalisée. Un coup oui, un coup non ! En 1800, les filles sont considérées comme vectrices de maladies, elles sont contraintes de se faire recenser et doivent chaque mois effectuer des visites médicales, mais l'activité n'est pas répréhensible. C'est en 1945 que Marthe Richard, forcée à l'âge de 16 ans dans les années 1900 d'effectuer cinquante passes par jour dans des bordels à soldats et devenue conseillère à la mairie du 4ᵉ arrondissement de Paris, après avoir épousé un riche client, dépose un projet de loi pour la fermeture des maisons closes. La majorité des établissements et des tenanciers étant impliqués de près dans la collaboration pendant la guerre, la loi est validée quatre mois plus tard. Punition générale. Fin du bal ! Il est sans doute plus simple de fermer les maisons closes que d'intenter des procès aux responsables ayant permis à l'ennemi de se distraire.

Cinquante ans après, en 2003, avant son mandat de président, Nicolas Sarkozy alors ministre fait adopter par le parlement « la loi pour la sécurité intérieure » qui intègre comme nouvelle infraction pénale le racolage passif :

« Le fait par tout moyen, y compris par une attitude passive, de procéder publiquement au racolage d'autrui en vue de l'inciter à des relations sexuelles en échange d'une rémunération est puni de deux mois d'emprisonnement et de 3 750 euros d'amende ».

Cette loi visant à abolir la prostitution de rue n'engendre en réalité qu'un stress supplémentaire pour les femmes vivant de cette activité. Et pour celles exerçant sous la pression et la contrainte d'un proxénète, en plus de leur faible rétribution, viennent s'ajouter cette éventuelle amende et cette peine de prison ferme. Autant dire que cela plonge dans la misère les filles, mais ni ne les protège ni ne les aide, et ne fait en rien disparaître les prostituées et leurs clients. Rien d'ailleurs ne fera jamais disparaître cette activité, tant que le sexe existera. Il y aura toujours des hommes seuls, insatisfaits, désireux de goûter à un autre corps ou de ne pas s'encombrer de sentiments ni d'engagement. Et il y aura aussi toujours des femmes comme moi qui pensent que le cœur est bien plus précieux que le corps. Car dans ce type de rendez-vous où l'adultère est souvent au centre de la rencontre, il n'est pas question d'amour ni de tromperie. Payer, ce n'est pas tromper. Il est bien plus indélicat et bien plus dangereux selon les hommes d'avoir une maîtresse. Je ne serai jamais intrusive dans leur vie personnelle, pas de texto en plein week-end familial ni de chantage à l'amour. Avec moi, ils n'ont pas de pression. Ils ont les avantages des relations adultérines sans en avoir les inconvénients. Et être payée, ce n'est pas tout accepter. Pour ma part, j'ai tous les bons côtés des prémices amoureux, tous les instants précieux des débuts. À chaque nouveau rendez-vous, c'est la promesse d'une première fois, du jeu de la séduction, des flatteries, des petits cadeaux, de la coupe de champagne dans une atmosphère tamisée, une scène romantique dans les étoffes des lits confortables des chambres d'hôtels luxueux. Et tout comme eux, je n'attends rien, n'espère pas, je suis la maîtresse, mais je ne le subis pas.

Un homme m'a dit un jour : «Tu sais, Mathilda, si je ne m'accordais pas ces petits extras, je ne serais plus avec mon épouse, et pourtant je l'adore, c'est la femme de ma vie. »

La fidélité de corps n'a de toute façon pas vraiment sa place dans la vie réelle. C'est un fantasme que l'humain nourrit. Peut-on vraiment passer vingt ans de sa vie avec quelqu'un sans éprouver de désir pour une autre personne? Sommes-nous capables de ne jamais succomber? Pouvons-nous pendant des décennies avoir envie de son ou sa partenaire? La routine, le quotidien, les enfants, le temps qui passe sont des ingrédients qui favorisent la lassitude dans un couple. Il y a ceux qui assument leur envie d'une autre peau et qui passent à l'acte. Ceux qui font l'amour en pensant à une autre personne. Ceux que seul le manque d'opportunité retient et rend fidèle. Ceux que le sexe n'intéresse pas. Et cette petite catégorie d'êtres qui sont plus forts que la majorité d'entre nous, pour qui un plus un est égal à un, sans jamais faiblir.

Un homme accepte ses infidélités sans aucun problème, il paie pour cela et pour s'éviter des ennuis, mais il veut une rencontre naturelle, avec une fille ordinaire qui ne lui fait pas sentir à chaque battement de cils qu'il a payé pour la rencontrer.

« Je cherche une occasionnelle, une fille qui fait peu de rencontres, avez-vous déjà vu quelqu'un cette semaine ? »

« Depuis combien de temps exercez-vous, avez-vous une activité en parallèle ou faites-vous juste cela ? »

« Ne venez pas habillée de façon vulgaire, j'aime l'élégance et le raffinement chez une femme. »

Ces questions et demandes sont mon quotidien. Ils veulent une *escort* qui, de préférence, ne travaille pas. Ils commandent une pute, mais si je le suis vraiment, je deviens moins désirable, moins attractive. Et je n'exerce pas cette activité comme l'idée que j'ai pu m'en faire avant d'y être confrontée. Je n'entre jamais dans une chambre d'hôtel sans le sourire aux lèvres, en me déshabillant directement et en subissant pendant une heure les fantasmes pervers ou non d'un homme qui n'a aucun respect pour moi. Ce n'est pas ce qu'ils attendent, le côté cérébral a davantage de poids, la séduction est primordiale. La féminité, le charme et l'exotisme d'une relation interdite décuplent l'excitation et rendent le sexe presque secondaire, quasiment accessoire.

5. Drôles de fantasmes

Au début du mois d'avril 2012, je rencontre Olivier un samedi soir, au Novotel de Gerland dans le 7e arrondissement de Lyon. Un combat de catch se joue juste en face, à la Halle Tony Garnier. Nous avons rendez-vous en seconde partie de soirée. Il a déposé une enveloppe à mon nom contre le seau à champagne et me sert une coupe à mon arrivée. C'est un quarantenaire souriant et détendu, il fait partie de l'organisation de l'événement et s'octroie une petite pause. L'ambiance entre nous est amicale, le catch est un sport atypique que je connais peu. Il me confirme que tout est truqué, que les jeux sont faits d'avance, mais que le spectacle est beau, original et bourré de testostérone. C'est une rencontre classique, un homme ordinaire que l'on pourrait avoir comme ami ou mari dans la vie. Après quelques flûtes, nous commençons un rapprochement physique, des baisers, des caresses, des préliminaires basiques presque ennuyeux, puis il me demande de venir m'asseoir sur lui. Je le chevauche quelques minutes quand : « Tu pourrais me pisser dessus ? »

Je sais que l'uro, le scato sont des pratiques qui existent. Des pratiques qui me dépassent, entre d'autres, je ne sais pas quels plaisirs nous pouvons prendre à cela. Est-ce lié à l'humiliation, au besoin de soumission ? Il paraîtrait que les hommes ayant du pouvoir aiment se faire recadrer. Une fessée, un gode ceinture, cela les canalise et les rend plus forts en société.

« Pisse-moi dessus, crache-moi dessus, je ne suis qu'une merde et encule-moi. Fouette-moi au passage en m'insultant. »

J'ai du mal à imaginer que l'on puisse en sortir valorisé, mais je peux le concevoir sans trop le juger. Je ne supporte pas de couper mes spaghettis, c'est mon côté italien, mais chacun fait ce qu'il veut dans son assiette. Ici, c'est la même chose, chacun fait ce qu'il veut dans son lit.

J'ai déjà reçu des demandes du type par SMS :

« Est-ce que cela te plairait un *facesitting*, de t'asseoir une heure sur mon visage ? Je te lèche et tu me pisses dessus, je bois tout ».

Des fantasmes étranges, personnellement je préfère le Saint-Joseph.

Régulièrement, un homme m'écrit :

« Pourriez-vous venir m'attacher tout nu à mon lit et repartir pour que ma femme me trouve comme cela ? »

C'est particulier. Même si j'aimerais voir ce qu'il se passe après. Est-ce que cette mise en scène excite madame ? Est-ce qu'une baise torride en ressort ? Ou est-ce que madame, frigide, s'offusque de trouver Bernard ligoté aux barreaux du lit ?

« Si tu n'étais pas si coincée, c'est toi que je baiserais ! Détache-moi Élisabeth, je vais te prendre sauvagement ! Laisse les démons du sexe t'envahir ! Je te veux ! »

Mais comme je n'ai pas la fin du film, je ne réponds pas au *casting* du second rôle. Chacun a ses fantasmes, du moment que toutes les parties sont d'accord. Mais je ne rentre dans aucun délire ou scénario d'un inconnu, je préfère m'en tenir à ce que je sais faire, ce que je maîtrise, ce qui ne m'oblige pas à effectuer des actes qui me déplaisent, même si je pense que nous pouvons avoir des déviances sexuelles sans pour autant être des *serial killers*. D'ailleurs, j'emploie le terme «déviances», mais où se situe la normalité?

Là, je suis confrontée en pleine action à une demande de prestation peu commune. L'homme veut que je lui urine dessus! Ce n'est pas si grave. Pour le commun des mortels c'est juste dégoûtant, mais je ne peux pas faire comme avec un texto, ne pas y répondre, je suis toujours sur lui. Je suis obligée d'interagir et je dois peser mes mots. Je ne veux pas qu'il se vexe et qu'il réagisse de manière agressive. Je suis toujours vulnérable face à un homme, alors je contrôle mon comportement même s'il n'est pas menaçant. Il attend simplement une réponse, si je dis oui il sera ravi, si je dis non il sera déçu. Mais je préfère jouer les idiotes, c'est plus raisonnable et moins brutal.

— C'est un peu sale, non? Il va y en avoir plein le lit, plein les draps. Nous sommes dans une chambre d'hôtel, c'est peu délicat pour la femme de ménage, tu ne penses pas?

Du tac au tac, il me répond :

— Non! Pas si tu vises bien.

Il est allongé sur le dos. Je suis toujours au-dessus de lui. Je pense au fond de moi : «Non, incroyable! Il ose en plus!»

— Si je vise bien? C'est-à-dire, si je vise bien où?

— Dans ma bouche.

Il me dit cela sur le même ton que s'il me proposait de prendre un cours d'escalade la semaine prochaine. Je ne m'y attendais pas du tout. Mon discours et mon annonce ne peuvent pas prêter à confusion. Il sait bien que si je n'accepte pas d'éjaculation faciale, je ne vais pas lui uriner dans la bouche. Mais je trouve cela comique et un brin culotté. Il me met devant le fait accompli, il a le cran de le faire. Ce n'est pas une envie soudaine de sa part, c'est prémédité. Même s'il n'aborde jamais le sujet lors de nos échanges, je sais pertinemment qu'il avait cette petite idée en tête. Je ne peux pas croire que ce soit quelque chose d'instantané : « Tiens, et si je me faisais un petit digestif à la pisse, pour changer. »

En m'en parlant avant notre rendez-vous, il se serait confronté à un non. En me mettant au pied du mur, il peut obtenir un oui. Et il a raison de le tenter, sur le papier, je suis là pour exaucer les fantasmes des hommes.

— Dans ta bouche ? Ça ne me dit pas trop. Et puis, je n'ai pas envie de faire pipi.

— Dommage, cela m'aurait bien plu. Tu veux encore un peu de champagne, ça te donnera...

— Ça ira, merci. On va se faire une levrette plutôt, qu'en penses-tu ?

Notre coït et notre rendez-vous s'achèvent de manière conventionnelle et décontractée. Nous ne revenons pas sur cette parenthèse. Je ne cherche pas à savoir ce qui l'attire dans cette pratique. Je le regrette en partant, j'aurais aimé satisfaire ma curiosité, car je suis peu confrontée à des exubérances. À part ce cas atypique, toutes les rencontres se ressemblent et tous les hommes aussi.

Le profil type a 50 ans. Il est en déplacement à Lyon, est cadre ou chef d'entreprise. Marié, il s'ennuie seul dans cette ville qui l'accueille pour quelques jours. Lors de sa première soirée, il écume les sites d'*escorts* et se programme une petite sauterie divertissante pour briser la solitude de ses nuits loin du domicile conjugal. Il me reçoit en costume et a pris soin de faire monter une bouteille de champagne avant mon arrivée. Il a lancé une *playlist* jazz et s'est parfumé. Il est habitué de ce style de rencontres, il s'offre ce plaisir trois, quatre fois par an. Il veut de la séduction, des bas, des jarretelles, de la chair fraîche et des préliminaires langoureux. Rien d'extravagant, se faire sucer autrement que du bout des lèvres le comble déjà. Car n'allez pas croire qu'ils performent avec moi plus qu'avec leur femme. J'ai même tendance à penser que c'est pire. Quand nous savons que la durée moyenne d'un rapport sexuel est de 5 minutes et 40 secondes, avec une nouvelle peau, quelques fanfreluches en dentelle fine et l'aspect interdit de la chose, le temps est bien souvent divisé par deux. J'ajoute à ceci que les deux tiers de ces minuscules minutes d'ébats sont consacrés à la pratique du cunnilingus. Je n'ai donc ni le temps nécessaire pour atteindre l'orgasme ni celui suffisant pour avoir des courbatures ou ne serait-ce que des sueurs. La vision de la prostituée qui se fait baiser sauvagement durant l'heure entière n'est qu'un pur fantasme. Ne surestimons pas ces messieurs! Car même si je me réfère à ce fameux sondage effectué sur cinq cents couples durant quatre semaines, les résultats vont de 33 secondes à 44 minutes, il en manquerait encore seize pour que la vision fantasmagorique de notre art devienne réalité.

6. Nouvelle riche

La chambre dans ma colocation me coûte 280 euros de loyer
par mois. J'ai un crédit voiture, un budget cigarettes, sorties,
vêtements, des dépenses classiques. Je gagne environ 1300 euros
net par mois au journal, un salaire qui est dit «correct», mais
qui plus objectivement est misérable. Je ne suis pas endettée, je
suis à l'équilibre avec un train de vie raisonnable et des envies
à la hauteur de mes faibles revenus. Ce qui initialement n'était
pas une source de motivation pour moi, l'argent, devient très
vite une obsession. Palper tout ce liquide est exaltant, jouissif,
je n'avais jusqu'alors jamais un euro en poche. Je paie à présent
ma baguette de pain avec un billet de 50 euros. Un sentiment de
pouvoir, de puissance et surtout de liberté m'envahit à chaque
nouvelle enveloppe qu'un homme me donne. Je m'installe un
rituel qui me procure un immense plaisir, je compte et recompte
les petites coupures dissimulées dans des enveloppes kraft
entre mon matelas et mon sommier. Je suis comme une enfant,
recevoir deux billets de 50 euros me déçoit, en avoir cinq de
20 euros m'émerveille. Quand j'ai commencé l'*escorting*, j'avais
500 euros d'économie. Je suis issue d'une famille modeste, les

fins de mois ont toujours commencé le 10 chez nous. Quelques semaines après mon premier rendez-vous, fin avril 2012, je fête mon anniversaire sur les plages de sable blanc à Punta Cana. Massage chaque matin au spa du club, excursions en bateau, plongée dans le lagon, pina colada jusqu'à plus soif, soirées au rhum arrangé avec les autres vacanciers, achats de souvenirs pour la famille, les copines. Dix jours de rêve, sans compter, je n'ai jamais pu me permettre cela auparavant.

« L'argent ne fait pas le bonheur, mais le bonheur ne remplit pas l'assiette »[2].

L'insouciance d'une vie sans restriction, il est plus facile de s'accommoder à l'excès qu'à la privation et je prends très vite goût à faire et à acheter ce que je veux, sans réfléchir.

Quand je reviens au journal, je trouve dans le fond d'un tiroir poussiéreux une petite caisse en fer beige, comme celle qu'utilisaient les commerçants pour ranger l'argent liquide, avant les machines électroniques. Je la réquisitionne et l'apporte à la maison pour lui donner une seconde vie. Avec des petits élastiques pour cheveux, qui servent généralement à finir une tresse, je fais des liasses que je dissimule précieusement dans la boîte sous mon lit. Je rentre à présent de mon travail officiel en taxi. À 17 h, les transports en commun sont bondés et 20 euros ne mettent pas à mal mes finances. Je ne dépense plus 100 euros en shopping, mais 1 000. Je n'achète plus la marque Sephora, ma lotion démaquillante est dorénavant siglée Dior, mon sac à main est en cuir de chez Lancel et mes lunettes de soleil dorées de chez Vuitton. Je ne fréquente plus la rue de la République, je fais mes

---

2. Booba, *Petite fille.*

achats rue du Président Édouard Herriot, toujours en compagnie de Coralie. Notre cantine est une brasserie de Paul Bocuse et ma salade préférée, celle au homard. Je ne regarde plus les prix en faisant mes courses, ne compare plus le coût d'une marque à une autre, j'achète simplement ce qui me fait envie et plaisir.

— Tu as quelque chose de prévu ce soir, Aurore ?

— Je vais réviser.

— C'est vendredi, tu n'as pas envie de t'aérer ? Viens dîner avec Coco et moi, je te promets que l'on ne rentre pas tard.

— C'est gentil, mais je n'ai pas trop de fric...

— Ce n'est pas la question, oublie l'argent, je t'invite.

— Tu paies déjà tout pour moi ces derniers temps.

— Je ne paie pas, j'investis ! Quand tu seras « chir esthé », tu me feras des lipo gratuites !

— Je ne serai jamais chirurgienne esthétique, je veux être anesthésiste-réanimatrice.

— Tu as encore le temps de changer d'avis !

— Mais d'où tu le sors ton pognon, tu as gagné au loto ?

— C'est juste un dîner ! Je ne t'ai pas proposé de louer un jet privé pour manger une margherita en Sicile !

J'aurais aimé le faire, car le goût pour le luxe, je le prends très rapidement. Comme une nouvelle riche pourraient dire certains, ou plutôt comme une ancienne pauvre. Quand nous n'avons pas les moyens, nous nous contentons de ce que nous pouvons nous acheter. Nous nous satisfaisons d'une nouvelle robe de chez H&M à 19 €90 et nous trouvons ridicules les femmes qui mettent 2000 euros dans un sac à main. Nous faisons semblant, nous nous mentons. Parce que la plupart d'entre nous sont atteintes par ce syndrome de la consommation. Quand tu as toujours vécu à découvert et qu'au 10 du mois tu n'avais plus un euro, si tu triples ton salaire, si un héritage vient ajouter six chiffres à ton compte en banque ou si la loterie fait de toi un millionnaire, tu achètes. Tu adores pêcher ? Tu vas investir dans la moulinette la plus performante. Tu es passionnée par la couture ? Tu te fais une mercerie dans ton salon. Tu aimes la nature et camper te fait te sentir libre ? Alors tu parcours les chemins avec les meilleures chaussures de randonnée et la tente la plus ergonomique qui existent. Les premiers mois, tu te permets ce que tu n'as jamais pu te permettre auparavant. C'est humain, et je suis humaine.

L'argent rend beau, fort et me donne une impression de toute puissance et un sentiment de liberté exacerbé.

Je foule à présent les tapis des palaces lyonnais, Louboutin aux pieds, tête levée et regard déterminé. Plus aucune adresse n'a de secret pour moi : Villa Florentine, Hilton, Cour des Loges, Carlton. Je n'admire plus à travers une vitrine un monde inaccessible, c'est devenu mon quotidien. Je ne crains plus d'entrer dans une boutique de luxe, juste pour regarder, parce que je peux acheter et j'achète, car pour mes clients prestigieux, je me dois d'être une jeune femme élégante, de porter une robe soyeuse sur une belle culotte de dentelle, de me façonner une image et un corps.

J'ai toujours été obsédée par mes kilos en trop. À 20 ans, je pesais 74 kilos pour 1m63. Mon jean était de taille 42-44. J'ai fait mon premier régime à 16 ans et je les ai tous faits, hyperprotéiné, hypocalorique, Weight Watchers, Slim Fast, Dukan, soupe aux choux. L'angoisse de la balance, la pesée quotidienne, et pourtant, depuis toute petite, j'ai une alimentation saine, pas de soda à la maison, peu de sucreries, des légumes frais, mais je suis née avec le gène de l'embonpoint. Je porte du 40 quand je commence à jouer de mes charmes. J'ai la chance d'avoir une taille plutôt fine et un ventre sans bourrelets, mais mes bas saucissonnent ma culotte de cheval et mes fesses pleines de cellulite, bien que rebondies, sont molles comme un chamallow. Je n'ai jamais été une grande sportive. Je faisais partie de ceux qui tentent de se faire dispenser à l'école. Comme j'étais la plus ronde de la classe, mes camarades ne voulaient pas s'entraîner avec moi. C'est assez traumatisant, je dois bien l'avouer. Je ne sais pas si les professeurs ont changé leur méthode de travail depuis, je me revois au collège dans ce gymnase à l'allure de centre d'exécution. Tous alignés, monsieur Robert, notre professeur, choisissait deux capitaines d'équipe. Puis chacun leur tour, face à l'ensemble de la classe toujours alignée, mes camarades désignaient les membres de leur groupe. Plus l'étau se resserrait sur moi, plus :

— Vas-y, prends Mathilde.

— Non, prends-la, toi. Moi, je ne la veux pas, elle est trop grosse, elle ne sait pas courir.

— Allez, tu as déjà Nicolas, c'est le plus fort, alors prends la plus nulle.

— Non, je ne veux pas de cette grosse vache dans mon équipe, elle ne sert à rien.

Pour ne pas subir cette humiliation, oublier mes affaires ou obtenir une ordonnance m'évitait cet affront. Les enfants sont méchants, c'est indéniable ! Mais heureusement, à mon époque, il n'y avait ni réseaux sociaux ni possibilité de harcèlement en dehors de l'école comme de nos jours, sinon j'aurais pu faire la une des faits divers tragiques.

Aujourd'hui, je m'astreins à de gros entraînements en salle de fitness, mais on n'obtient pas un corps de déesse en quelques séances. J'enchaîne les kilomètres sur mon vélo elliptique, m'offre des soins Cellu M6. Je veux être belle, mince, celle que je n'ai jamais été. Je travaille nue et suis complexée depuis toujours, c'est paradoxal. Je vends un corps qui me déplaît à des hommes qui paient pour accéder aux courbes féminines, qui n'existent que sur papier glacé.

Un soir, je suis conviée au domicile d'Alexandre, quai Claude Bernard, sur la rive gauche du Rhône dans le 7e arrondissement de Lyon. Je me prépare en prenant soin d'être séduisante et me rends à l'adresse indiquée, avec cette confiance qui dorénavant ne me quitte plus. L'homme m'ouvre la porte, c'est un jeune trentenaire à l'allure bourgeoise et au style vestimentaire qui distingue souvent les « fils à papa », la chemise Ralph Lauren et le petit pull noué sur les épaules. Il me fixe et me déshabille du regard de la tête aux pieds : « Tu n'es pas mon genre, j'aime les belles femmes minces. Je ne paie pas pour ça. »

Et il me claque la porte au nez. Je suis décontenancée et vexée. Ce que je redoutais a fini par arriver. Il n'a pris aucune pincette, n'a eu aucune humanité envers moi. À ses yeux, je ne suis qu'une marchandise non conforme à ses attentes. Pourquoi faire preuve de délicatesse ? Je ne suis pas une vraie femme ni une vraie personne. Je suis « ça », un produit qui doit répondre à un cahier des charges précis.

Je garde ce fait divers pour moi, j'ai trop honte pour en parler à Coralie. Mais je ne me laisse pas anéantir par cette mauvaise rencontre, qui n'est que le reflet d'une génération où le paraître est plus respectable que le savoir-être.

7. À DEUX, C'EST MIEUX

Mes débuts dans l'univers du travail du sexe me font prendre conscience que ce n'est pas incompatible avec une vie dite normale, et je ne me sens pas plus différente que n'importe quelle fille. Je me rends au bureau chaque matin, un peu plus *lookée* qu'avant et en ne choisissant plus entre l'entrée ou le dessert à midi. Mais, à part cela, rien n'a changé dans mon sentiment envers moi-même. Monnayer mon corps ne me rend ni amère ni aigrie, et les hommes que je côtoie ne sont pas des prédateurs violents.

— Tu sais, Mathilde, dans ce monde, nous avons les clients que nous méritons. C'est un peu brutal, mais je le pense sincèrement. Je n'ai jamais eu de mésaventure, car je n'accepte pas tout pour l'argent. Je ne propose pas de demi-heure ni de rendez-vous seulement pour une fellation. Je sélectionne uniquement les demandes de prestations haut de gamme. J'échange obligatoirement par téléphone pour sentir la personne, et c'est pour cela que je n'ai pas affaire à une clientèle qui pourrait me faire du mal. Quand tu acceptes tout et n'importe quoi, tu t'exposes à ce qui va avec.

— En parlant de prestation haut de gamme, j'ai pensé à quelque chose, Coralie, pour exercer différemment, toucher de nouveaux hommes et se faire plus d'argent en travaillant moins.

— Ce n'est pas un slogan, travailler moins pour gagner plus ?

— Presque ! Mais je l'ai remanié ! C'était pour la présidentielle de Sarko, mais lui disait : « Travailler plus pour gagner plus ». Ce qui, selon moi, est complètement con. Travailler moins pour gagner plus, là c'est un concept qui devient intéressant !

— C'est juste, et quel est ton concept ?

— Je te propose de faire une offre en duo, je suis certaine que cela peut cartonner. Les hommes fantasment tous sur le fait de se faire deux nanas à la fois. Nous gardons nos annonces respectives et nous en faisons une commune.

— J'ai déjà pensé à cela, mais je n'étais pas certaine que tu serais partante, tu es encore en période d'essai dans ce milieu ! Mais, comment allons-nous moins travailler et gagner plus ?

— Nous proposerons cette prestation plus chère que notre tarif à l'heure habituel. C'est un service qui se paie. 700 € pour le package, soit 40 % d'augmentation chacune.

— Tu crois que des mecs sont prêts à dépenser 700 balles de l'heure pour avoir deux filles ?

— Cela se tente.

— Et pour ce qui est de travailler moins ?

— Nous sommes deux, sur une heure nous nous partageons la tâche et ce qui fait fantasmer les hommes, c'est de regarder les filles.

— Mais ni toi ni moi ne sommes bi.

— Oui, et il est hors de question que je te lèche ! Cependant, il y a des subterfuges pour simuler et dissimuler. Tu en penses quoi ?

— Je suis plutôt convaincue, même si tu n'as pas inventé grand-chose !

Nous faisons une séance commune de photos en lingerie. Nous prenons la pause de profil, de dos, jouons avec la lumière pour intensifier son brun et mon blond. Le rendu est alléchant, voire captivant. Nous publions notre annonce courant mai 2012 :

« Mia & Mathilda, pourquoi choisir quand vous pouvez avoir les deux ? Vous en rêviez ? Nous l'avons fait ! La blonde sensuelle et la brune sulfureuse se réunissent pour plus de délices. Venez tenter l'expérience de notre duo infernal et triplons le plaisir ensemble. »

Coralie, contrairement à moi qui vis en colocation, reçoit les hommes chez elle. Son immeuble est sécurisé, elle communique l'adresse qui donne en face de ses fenêtres et, quand elle estime au loin que la personne est conforme à ses attentes, elle lui transmet la bonne adresse. Recevoir chez soi permet d'élargir la clientèle, de toucher un public qui ne souhaite pas, en plus de la prestation, payer une chambre d'hôtel. Nous proposons notre offre en service *In-call* et *Out-call*, comme nous disons dans notre jargon, c'est-à-dire en déplacement et au domicile de Coralie. Comme je l'imaginais, nous avons des appels, nous ne croulons pas sous les sollicitations, mais notre annonce attise la curiosité et l'intérêt.

Philippe est tout de suite séduit par notre duo, il m'appelle le premier jour de sa parution. Je suis au bureau quand j'échange avec lui en milieu de matinée, et lorsque je prononce dans le combiné :

— Nous ne faisons pas d'anal...

La porte de mon bureau s'ouvre. Comme à son habitude, le directeur du journal vient prendre place sur la chaise face à moi, avec son large sourire plein de suspicion. Je sens le rouge me monter aux joues et baisse les yeux pour reprendre le contrôle de mes émotions.

— Je te rappelle plus tard, maman.

— J'ai compris, vous ne pouvez plus parler, rappelez-moi quand vous êtes libre.

— Eh bien alors, Mathilde, une grande fille comme vous appelle encore sa maman?

— Vous savez, monsieur Béthod, nous sommes toujours les enfants de nos parents, peu importe notre âge!

— Et alors, elle s'est blessée?

— Non, pourquoi cela?

— J'ai cru entendre, attention je n'ai pas écouté, mais j'ai entendu quelque chose comme : «Mal, on se fait mal ou pas mal.»

— Vous n'écoutez pas, mais vous êtes bien curieux! J'ai dit : «Nous ne faisons pas de mal!»

Je suis certaine qu'il a parfaitement compris le sens de ma phrase, mais en homme élégant, il ne me tyrannise pas long-temps et enchaîne avec la vie du journal.

Le lendemain, je file chez Coralie en sortant du bureau et en ayant pris soin le matin de préparer un petit sac avec une tenue de rechange. La veille, la rencontre a été programmée avec Philippe, il est notre premier partenaire.

— Ça va, Coralie, tu n'es pas trop stressée?

— Non, ça va, nous devrions nous en sortir!

Je suis en petite robe noire et en bas, je conserve toujours cet accessoire féminin le temps de la rencontre pour éviter le peau à peau, et le nylon galbe les cuisses, atténue la peau d'orange et camoufle si l'épilation n'est pas parfaitement nette. Coralie est en nuisette, jambes nues. Je ne trouve pas cela très classe, c'est même vulgaire de recevoir en lingerie de nuit, cela ne laisse place à aucune imagination et c'est trop dans le vif du sujet, mais elle est chez elle et a pour habitude de se vêtir ainsi.

La sonnerie de la porte retentit, les palpitations de mon cœur ne se font plus sentir, même pour cette nouvelle première fois.

— Bonjour Philippe, Mia, enchantée.

— Bonjour Philippe, Mathilda, enchantée.

Nous nous saluons de la manière la plus classique, en nous faisant la bise.

— Entre, nous allons nous installer au salon. Tu veux boire quelque chose ? Un coca, un café, un verre d'eau ?

— Oui Mia, avec plaisir, un coca s'il te plaît.

Je récupère l'enveloppe pendant que Coralie en cuisine nous sert de quoi nous désaltérer. Philippe a la cinquantaine, 1m80, 90 kilos, une barbe de trois jours, un physique banal, propre sur lui, ni beau ni laid, avec un peu d'embonpoint.

Nous sommes tous les trois assis sur le canapé, lui entre nous. C'est étrange comme situation, mais je procède comme à mon habitude, je suis avenante, souriante, je crée un lien et m'intéresse à l'homme qui vient se divertir avec nous. J'occulte l'objectif principal, mon seul but est de détendre l'atmosphère et de rendre le plus naturel possible ce moment. Philippe nous apprend qu'il est dans le digital, qu'il a vendu des solutions à Google et créé plusieurs applications. Il reste un peu mystérieux, mais ne cache pas faire l'objet de reportages. Nous sirotons notre boisson en discutant, moi en menant la danse, Coralie en étant en retrait. Certaines filles n'apprécient pas les échanges, c'est le cas de mon amie, elle préfère expédier la prestation et s'intéresse peu aux hommes qu'elle rencontre. Moi, j'ai besoin du côté humain pour occulter l'aspect tarifé. De temps à autre, Philippe pose ses mains sur nos cuisses en nous complimentant.

— Vous êtes vraiment jolies les filles, c'est un délice de vous avoir à mes côtés.

Il se rapproche de moi pour m'embrasser, puis se tourne vers Coralie pour lui délivrer un baiser. Nous l'invitons dans la chambre, baignée par la pénombre des volets presque entièrement clos, le lit est recouvert d'un drap soigneusement installé pour l'occasion, et nous prenons place tous les trois dessus comme des amants qui se retrouveraient ainsi chaque jeudi après-midi.

Je n'ai jamais eu d'expérience à plusieurs ni avec une autre femme. J'ai déjà embrassé sur les lèvres des copines lors de soirées un peu trop festives et dûment arrosées. L'alcool désinhibe et exalte les sentiments, un smack devient une preuve d'une amitié inconditionnelle. Mais je n'ai jamais enlacé ma langue à celle d'une femme, ne me suis jamais retrouvée nue à la caresser et à plonger ma tête entre ses cuisses. Nous ne nous sommes accordées sur rien avec Coralie, n'avons pas établi de plan ni de manière de procéder. C'est comme se jeter dans le vide sans avoir anticipé un filet de sécurité.

Philippe est allongé sur le dos entre nous deux. Il nous embrasse à tour de rôle en se laissant déshabiller de nos quatre mains. Nous le caressons en lui délivrant des baisers de chaque côté de sa nuque tout en descendant lentement le long de son torse velu.

— Déshabillez-vous et embrassez-vous, j'ai envie de vous regarder, vous êtes tellement sensuelles.

L'instant fatidique est là. Ce n'est pas un instant redouté, c'est juste une première fois.

Coralie et moi nous redressons. Nous sommes toujours de chaque côté de lui et avançons nos bustes pour nous étreindre et mêler nos langues au-dessus de ses yeux ébahis. Coco et moi jouons cette scène sans aucune émotion, mais ne laissons rien transparaître à notre partenaire qui effleure nos corps simultanément en ne cachant pas son excitation. Ce qu'il fait à l'une, il le fait à l'autre.

J'ôte la nuisette de Coralie en lui délivrant de doux baisers cinématographiques et en lui laissant dégrafer les boutons de ma robe. Nous sommes à présent seins nus et surplombons Philippe qui se hisse pour venir lécher nos poitrines dénudées. Dans un élan de gourmandise, il m'attire contre lui et s'empare de ma bouche, en nous basculant toutes les deux contre son corps de nouveau allongé. Nous nous glissons jusqu'à son sexe tendu et entamons une fellation à deux bouches et quatre mains. L'une suçant sa verge et l'autre décuplant le plaisir en lui apposant ses lèvres sur ses boules chaudes et humides. Philippe gémit, sert le drap entre ses doigts et me réclame de m'asseoir sur son visage. Je suis à présent spectatrice de la scène qui se joue dans cet appartement au cœur de la Part-Dieu. Nous n'échangeons aucun regard avec Coralie, nous connaissons nos rôles respectifs et savons ce que nous avons à faire. Je pousse des petits cris pour satisfaire et récompenser Philippe qui semble se régaler de mon vagin. Il invite Coralie à prendre ma place, nous échangeons nos positions. Mais les préliminaires peuvent durer très longtemps si nous n'y mettons pas fin. Je prends un préservatif sur la table de chevet et pendant que Philippe délivre un cunnilingus à ma consœur, j'habille son gland de latex et viens sur lui. Instantanément, je l'entends gémir tout en ayant la bouche pleine de Coralie. Philippe est au bord de la jouissance et nous invite à nous mettre à quatre pattes. Nous sommes toutes deux croupe tendue et lui rappelons qu'il doit changer de préservatif à chaque changement de partenaire. Il fait quelques va-et-vient dans chacune de nous, avant de retirer sa capote et de déverser sa semence sur nos fesses offertes face à lui.

— Voilà une nouvelle expérience à cocher sur la liste des choses à faire avant de mourir !

— Mathilde, c'était vraiment dans ta liste ?

— Non, mais avec deux mecs, oui ! Tu crois que l'idée des duos me vient d'où ?!

— Tu ne l'as jamais fait ?

— Non, je suis bien trop prude !

Philippe revient la semaine suivante et quelques fois encore. Nous rencontrons également d'autres hommes, certains nous emmènent dîner dans les restaurants chics de la ville. Deux jeunes femmes élégantes attablées avec un homme, est-ce que le serveur fait le rapprochement ou est-ce que le tableau paraît tellement gros que nous avons l'air de nièces ou de secrétaires ?

Nous participons aussi à des soirées festives lors de séminaires d'entreprises pour divertir des cadres dirigeants de grands groupes. Nous devons faire le show, danser sur les tables, dîner sans culotte et désigner le meilleur « mangeur de minou » du comité directionnel. Le président, chronomètre en main, donne 20 secondes à chaque participant du concours, le lauréat remporte la culotte en guise de trophée ! Il faut être désinhibée et joueuse, ce que Coralie est de moins en moins.

— Je te rappelle que je dois étudier Mathilde, je n'ai pas l'intention de faire l'*escort* toute ma vie. Toi, si tu es heureuse tant mieux, moi je vaux mieux que ça.

— Étudie Coralie, tu as raison. Ce serait dommage que tu deviennes ce que tu es déjà, si tu penses que tu vaux mieux que toi. Et moi, je n'ai pas le sentiment d'être « ça ».

Je mets ses remarques désobligeantes sur le compte de la pression, de la vie et je peux parfaitement concevoir qu'elle puisse rêver à un autre avenir. Je ferme les yeux sur ses sautes d'humeur et ses attaques parfois blessantes.

8. QUEL EST LE PROBLÈME ?

En mai 2012, deux mois après avoir commencé l'*escorting*, ma sœur Marina, de 18 mois mon aînée, accouche de son premier enfant. Et même si nous avons eu une éducation parfaitement similaire, nous sommes aux antipodes. Ma sœur fait partie de ces femmes à la vie bien rangée, sans encombre, à qui tout réussit socialement. Celles qui sont investies dans les associations, font des gâteaux maison pour les anniversaires et organisent des réunions Thermomix le samedi après-midi. Elle est une citoyenne et une fille modèle. Elle paie ses impôts sans essayer de gruger, ne dépasse jamais les limitations de vitesse et laisse toujours la priorité aux piétons. Elle ne fume pas, il y a, paraît-il, un temps pour tout et lorsqu'on est adulte, le THC n'est plus de rigueur et la nicotine non plus. Je ne sais pas qui a décrété des règles en fonction des âges ni à quel moment nous devenons adultes, mais le gars ne devait pas être très *fun*.

En début de carrière, elle emprunte la même voie que notre papa et devient chauffeur routier avant de se former à nouveau en tant que sellière-maroquinière pour une grande maison de luxe française. L'un des critères les plus importants à l'embauche, le savoir-être et le savoir représenter. Ma sœur a une personnalité solaire, ce doit être génétique parce que les femmes de ma famille sont toutes comme cela. Elle inspire et attire la sympathie malgré son air sérieux et sa rigueur apparente. Elle a eu moins de cinq amants au cours de sa jeunesse et sa plus grande folie, après avoir fait l'école buissonnière et tiré quelques taffes sur des pétards à l'adolescence, est d'avoir divorcé de son premier mari pour épouser l'actuel, un représentant des forces de l'ordre, avec qui elle met au monde son premier enfant, l'année de ses 30 ans. Autant dire qu'il n'y a pas de place pour les infractions au sein de son foyer.

Moi, j'adore rouler à 130 sur le périphérique en doublant par la droite. Je fume, conduis régulièrement avec un taux d'alcool supérieur à la limite autorisée, ne peux plus compter le nombre de mes amants, ne suis manuelle que lorsqu'il s'agit de rouler des joints et réfute toute forme d'autorité, de sagesse et d'engagement. La vitesse, l'adrénaline, la fête, je suis toujours *borderline.* Nos points communs s'arrêtent au fait que nous avons les mêmes parents. Nous ne faisons jamais des enfants identiques, vous dira ma mère, bien que nous nous affairions à leur donner une éducation similaire. Sans doute que l'une a grandi et l'autre non !

Mais notre différence de vie ne nous a jamais éloignées. Plusieurs fois, après un repas de famille, quand il ne reste que nous deux à table, un peu éméchée, j'ai envie de lui parler de mes rendez-vous. Mais, c'est comme avouer à quelqu'un qu'on l'a trompé, cela soulage sa conscience, mais fait du mal à l'autre. Peut-être qu'elle peut l'entendre et le comprendre, mais confesser à sa grande sœur qui vous chérit et vous idéalise autant que vous l'idolâtrez : « Je me prostitue », ça fait tache sur le livret de famille. Même si l'actualité pourrait me servir de tremplin pour aborder le sujet avec mes proches, je n'en ai pas la force. Comme pour Aurore, je crains qu'ils puissent s'inquiéter pour moi.

Najat Vallaud-Belkacem, ayant fait ses armes dans le tissu politique lyonnais, a décidé depuis quelques semaines de surfer sur le sujet des prostituées. Portée par ses nouvelles fonctions de ministre des Droits des femmes sous la présidence Hollande à l'été 2012, elle s'empare de notre mode de vie et scande dans les médias : « Mon objectif, c'est de voir la prostitution disparaître ».

Ministre des Droits des femmes, c'est élogieux comme titre, mais faudrait-il les connaître et les comprendre les femmes, toutes les femmes. Parce que parler de droits quand vous voulez atteindre nos libertés, n'est-ce pas contradictoire ? Ce n'est pas le ministère des Droits des femmes, mais de certaines femmes. Et si nous sommes moins hypocrites, nous pourrions même rebaptiser ce ministère : La femme Doit.

Roselyne Bachelot, ministre de la Santé, un an auparavant déclarait de son côté : « Il n'existe pas de prostitution libre, choisie ou consentie. »

Ces deux politiciennes, n'ayant certainement jamais côtoyé de prostituées de leur vie, se font nos porte-parole, sans s'intéresser à notre milieu, aux différents aspects de notre métier et à ce que nous aimerions. Elles nous stigmatisent de la même manière que les femmes voilées. Cela ne peut pas être de notre fait et nous ne pouvons pas trouver un accomplissement. Je ne me considère pas comme une victime et les hommes que je rencontre ne sont pas mes bourreaux, n'en déplaise à la société bien-pensante, qui tente de m'infliger une pression honteuse. Il existe une prostitution libre, choisie et consentie, même si dans tous les cas quelque chose nous anime : l'argent, la liberté, le sexe, l'indépendance. Nous avons toutes une vision de cette activité différente et, comme pour tous les sujets, personne n'a la pensée universelle.

À la question :

— Mais si tu n'avais pas besoin d'argent ?

Je réponds :

— Et toi, irais-tu au bureau le matin ?

À :

— N'est-ce pas dégradant de vendre son corps ?

— N'est-ce pas plus douloureux de s'offrir à un homme qui te séduit et qui ne te rappelle pas ?

À :

— Si tu devais faire un autre métier ?

— Je choisirais un métier où je peux être libre, où le fait d'être une femme n'a pas d'incidence sur mon taux de rémunération et où je ne serais pas défavorisée par rapport à un homme, mais au contraire glorifiée par ce dernier.

Et à :

— Mais être une marchandise pour les hommes n'est pas glorifiant et se prostituer n'est pas un acte libertaire.

— Je ne suis pas plus une marchandise que tu ne l'es pour ton patron.

Glorifiée, car quand un homme vous rétribue plusieurs centaines d'euros pour être avec vous, qu'il vous écrit pour savoir si vous êtes bien rentrée, vous convie de nouveau, car il a apprécié le dernier moment en votre compagnie, met les petits plats dans les grands, que parfois il cuisine pour vous et vous offre des fleurs, il n'y a de dégradant que l'image que l'on s'en fait.

Car, en réalité, qu'est-ce qui dérange dans les relations tarifées? Le nombre d'amants? L'argent, dit facile, qui y est lié? L'exploitation du corps? Mais est-ce qu'un mannequin ou une actrice n'utilise pas son corps? Vous me direz qu'il n'y a pas de sexe. Donc, c'est cela qui dérange, le sexe? Mais le sexe, n'est-ce pas la vie? Certes, je ne la donne pas. Mais avez-vous uniquement des rapports sexuels pour enfanter? Non, mais vous me répondrez: «Je n'ai de moments intimes qu'avec mon amoureux, mon mari». Donc, finalement, c'est le nombre de mes amants qui dérange? Non, c'est le fait que tu te fasses payer. Donc, c'est l'argent qui est problématique? Mais est-ce qu'avec ton conjoint vous faites toujours 50/50 au moment de payer l'addition? Est-ce que, sur votre compte commun, vous mettez toujours le même montant en début de mois? Est-ce que pour l'appartement qu'il a acheté avant de te rencontrer, et dans lequel tu vis à présent, il t'a fait payer un droit d'entrée pour équilibrer les mensualités du crédit qu'il a déjà versées? Est-ce que quand il t'achète des cadeaux, des fleurs, il t'apporte la note pour que tu lui rendes la pareille de manière parfaitement équitable? Ou est-ce que, finalement, comme il gagne plus que toi, comme bien souvent dans les foyers en France, il met plus la main à la poche? Donc, après une soirée au restaurant, où il t'a invitée, et que vous faites l'amour en rentrant, est-ce que quelque part, nous pouvons dire que tu t'es fait payer? Je vous entends rétorquer: «Cela n'a rien à voir, c'est mon mari et je l'aime». Donc, ce sont les sentiments le véritable problème? Mais, doit-on m'incriminer parce que je suis célibataire et que je vis comme je l'entends?

Car un homme qui me rémunère ne me berce pas d'illusions, mais me traite et me respecte comme une femme qu'il souhai-

8. Quel est le problème?

terait avoir. Je suis inaccessible et c'est ce qui me rend attractive à ses yeux. Je suis cette courtisane qu'il ne peut posséder. J'ai le pouvoir sur lui. Il achète mon corps, mais surtout mon temps, en fantasmant de pouvoir s'offrir mon cœur, mon désir et mon plaisir. Vous pourriez sans doute me dire que dans «la vraie vie», nous faisons aussi de belles rencontres. Certainement. Mais mon expérience me fait affirmer que les hommes qui me paient m'apprécient bien plus que ceux qui ne le font pas : «Merci beaucoup, Mathilda, pour ce moment inoubliable. C'est utopique, je le sais, mais j'ai envie de te demander en mariage. Je suis capable de tout quitter pour toi et tu serais la plus heureuse des femmes à mes côtés. Ton Florent».

L'humain aime posséder ce qui lui paraît inaccessible, et c'est cela qui me rend précieuse à ses yeux lors de ces rencontres tarifées.

9. Vivre pour le meilleur

Il y a deux ans, en 2010, les docteurs décèlent chez mon papa une forme grave du cancer de la prostate, l'année de ses 52 ans. Ils ne lui donnaient que quelques mois à vivre. Grâce aux traitements et aux rayons, il réussit à guérir, avant de développer dans la foulée un cancer des poumons, puis du péritoine. À présent, il vit avec une poche de stomie et les métastases envahissent tout son corps. Mon papa n'est plus un homme fort, il ne hurle plus de joie devant la télévision quand l'Olympique lyonnais marque un but, ne rit plus aux blagues de Laurent Gerra, ne retrouve plus ses copains au bistrot le dimanche matin et ne parcourt plus les routes de France au volant de son camion. Il végète au milieu du salon, assis sur un fauteuil à bascule, le regard fixant le poste de télévision et zappant entre documentaires animaliers et informations. Maman est en arrêt de travail pour prendre soin de lui. Elle vient de passer les quinze dernières années de sa vie à s'occuper de malades en clinique et à présent elle est au chevet de son mari.

— Allo, comment ça va ma petite maman ?

— Ça va, l'infirmière vient de quitter la maison, ton père se repose dans la chambre.

— Elle vient samedi matin pour changer la stomie, c'est ça ? Je serai là moi aussi.

— Tu es sûre, ma fille ? Tu es déjà venue hier soir, tu ne vas pas faire encore 200 km, je sais que les frais de route coûtent cher.

— Ne t'inquiète pas ma petite maman, c'est important pour moi d'être là.

Même si la maladie de mon papa et le fait que mes parents vivent loin de chez moi n'ont jamais exercé aucune influence sur mon souhait de me prostituer, cet argent me permet à présent de ne plus compter mes trajets.

En quelques semaines, je suis devenue une femme pressée qui jongle avec son agenda et ses deux identités. J'ai ma vie conventionnelle, celle de Mathilde qui de 9 h à 17 h évolue au sein d'une rédaction et que ses collègues apprécient pour son humour, mais surtout pour son professionnalisme. Mathilde que ses proches connaissent, cette célibataire qui après le travail rentre dans sa colocation et qui vient passer tous ses week-ends dans sa petite campagne auprès des siens. Puis, il y a la vie de Mathilda, qui ne quitte plus son téléphone professionnel et qui programme des rendez-vous pour se divertir.

— Mathilde, tu te souviens des garçons que j'ai rencontrés au Sofitel, la soirée où tu étais chez tes parents ? La bande de potes qui voulait deux nanas. Ils nous invitent à Londres, c'est la clôture des Jeux olympiques et nous proposent de venir. Ils ne nous paient pas, mais sur place tout nous sera offert. Ça te branche ? Ils étaient très sympas.

— C'est un excellent plan Coralie, je ne suis jamais allée à Londres et j'ai besoin de déconnecter, l'état de mon père ne va pas en s'améliorant.

Je demande la permission à mon papa de m'absenter un week-end : « Tu penses, ma fille, que tu vas te débarrasser de moi en l'espace de 48 h ? »

Le vendredi 10 août 2012, avec Coralie, nous retrouvons Élie, notre hôte, au terminal d'easyJet à l'aéroport de Lyon-Saint Exupéry. Je découvre un très beau jeune homme, trentenaire, aux airs de David Beckham en plus juvénile. Ses cheveux sont blond foncé, longs sur le haut du crâne et courts sur les côtés. Ses yeux sont de couleur marron et son regard est vif, intelligent, malicieux, presque coquin. Une petite barbe rousse bien taillée dessine les contours fins de son visage et lui apporte le brin de maturité qui manque à son jeune âge. Sa corpulence est d'allure sportive et ses bras tatoués lui donnent un air de *bad boy*. Il a un style vestimentaire de podium et de défilé haute couture *street chic*, à la pointe des dernières tendances. Tee-shirt Givenchy, jean Balmain, baskets Balenciaga, montre Breitling et sac à dos Vuitton. Il sortirait d'un *shooting* pour faire la couverture du prochain magazine QG que je ne serais pas étonnée. Et en plus d'être très beau, il dégage quelque chose d'extrêmement sympathique, il est avenant, souriant, agréable et gentleman. Il propose de porter nos valises, nous fait passer devant lui, se charge de déposer nos affaires sur le tapis roulant à l'enregistrement des bagages, nous offre une boisson fraîche au *duty-free* et nous invite à choisir le siège que nous préférons dans l'avion. Au premier abord, ce jeune homme a tout du gendre idéal.

Nous faisons connaissance naturellement pendant l'heure de vol. Je ne l'ai jamais côtoyé dans un cadre professionnel et j'ai tenu à payer mon billet d'avion. J'évolue normalement dans un cadre de week-end entre amis. Il est célibataire, sans enfant, chef d'entreprise d'une PME dans le transport. Lyonnais d'adoption et de cœur, mais originaire de Paris. Nous rejoignons ses plus proches amis d'enfance qui sont partis vivre et travailler à la City, de l'autre côté de la Manche. Je suis de nature positive, j'aime faire des rencontres et transmets facilement mon énergie, alors avec Élie nous devenons rapidement amicaux, presque familiers. Sa personnalité est attrayante, atypique, il est le yin et le yang, le flic et le voyou, le mari et l'amant. Amateur de sports de combat, il en porte les valeurs et prône le dépassement de soi. Croyant, il part régulièrement faire des retraites spirituelles en forêt. Fêtard, amoureux des femmes, de la nuit et de ses excès, il succombe facilement aux pirateries nocturnes. Il est tout et son inverse, mais ne s'éloigne jamais de ses convictions, ne trahit pas ce qu'il est et ceux qui l'entourent.

Nous arrivons tous les trois à Londres dans une ambiance festive. Il fait beau, les rues sont remplies de touristes, la ville est aux couleurs de l'événement sportif qui s'y joue. Nos hôtes, qui sont à l'image d'Élie, nous récupèrent à l'aéroport à bord d'un 4x4 Range Rover noir flambant neuf et nous conduisent chez eux, dans le quartier chic de Mayfair. Les garçons mènent la grande vie, l'appartement dispose de trois suites, les dressings débordent de vêtements, sacs et chaussures de luxe. Ils collectionnent les montres suisses et les œuvres de *street art*. Trentenaires également, dans la finance, ils sont accueillants, charmants et bienveillants. Nous ne sommes obligées à rien, ni à sortir ni à coucher. Ils mettent à notre disposition du Ruinart, de la coke, de l'herbe et tout ce que nous désirons à volonté. Nous trinquons pour ouvrir les festivités de ce week-end qui s'annonce chaleureux et nous nous apprivoisons mutuellement au rythme des coupes de champagne que nous vidons.

Ils sont les nouveaux visages de la clientèle des *escorts*. Ils sont jeunes, beaux et riches. Ils portent des costumes trois-pièces la journée, fument des cigares en fin de déjeuners d'affaires, jouent au golf le dimanche après-midi et commandent putes et coke le samedi soir. Ils vivent une jeunesse délurée et débridée qui ne se prive de rien et s'autorise tout. Payer une fille, c'est l'assurance de ne pas s'encombrer avec les sentiments. C'est être garanti de baiser sans devoir parler d'amour, d'avenir et de lendemain. Payer une fille, c'est excitant. Faire appel à une inconnue et la mettre à nu, en l'espace d'un instant, c'est, paraît-il, quelque chose de puissant. Ils ne s'interdisent rien, plan à trois, à quatre. Quand ils paient, c'est pour rentabiliser l'investissement! Ils vivent dans l'abondance et consomment le cul sans limites. Avec nous, ils sont charmeurs, mais pas insistants, ils sont séducteurs et séduisants.

Nous passons le séjour à manger dans les meilleurs restaurants de la ville en buvant de grands crus, à participer aux soirées les plus sélectes où seuls les membres des clubs privés ou les athlètes sont conviés. Je trinque avec la légende Pelé et danse aux côtés de Michael Phelps. Les garçons ont une petite notoriété dans le monde de la nuit londonienne. Les videurs nous saluent, les patrons d'établissements s'assurent que nous sommes bien reçus. Notre table nous attend dans les carrés VIP et, au fur et à mesure de la nuit, les Anglaises les plus extraverties y affluent. Nous rentrons de chaque soirée quand le soleil se lève. Nous étions cinq en partant, nous finissons à quinze dans l'appartement. Je fais la fête, bois, fume, mais ne touche pas à la cocaïne, je n'en prends jamais, je crains trop d'aimer cela. Je danse et participe au show avec les autres filles, entre *champagne showers* et *booty shake*, la température monte. Je fais ce qui me plaît, ce qui me fait envie. Je me laisse charmer tantôt par l'un tantôt par l'autre, parce que des vacances sans sexe, c'est comme un mojito sans feuilles de menthe. Et c'est l'occasion de dégoupiller, avec cette petite phrase que nous avons tous dite un jour en partant en vacances : « Tout ce qui se passe à, reste à ».

— Mathilde, tu peux te faire plus discrète ? Je te rappelle que ce sont mes clients.

— Tes clients ? Moi, ce sont mes nouveaux copains, il n'est pas question d'argent. Qu'est-ce qui te dérange ? Que je fasse la fête ?

— Il faut toujours que tu te mettes en avant, c'est plus fort que toi. Eh bien, vas-y, va faire la pute.

— Coralie, ne sois ni méchante ni vulgaire. Je peux te rappeler qu'il y a quelques semaines, c'est toi qu'ils ont payée, c'est toi la prostituée ici ce soir, ce n'est pas moi.

Nous poursuivons le séjour sans nous adresser la parole. Les garçons ressentent le malaise, mais procurent à Coralie toutes les substances dont elle a envie pour lui faire retrouver le sourire. Quand nous atterrissons à Lyon, elle me fait parvenir un message alors que je suis encore dans le taxi qui me ramène chez moi.

— Ne m'appelle plus jamais et continue à faire la pute, c'est sûr que c'est fait pour toi.

C'est vrai qu'elle et moi n'appréhendons pas cette activité de la même façon. Je me rends compte qu'elle la subit. Son discours du premier soir, où elle me la vantait comme étant facile et attrayante, s'est évaporé au fur et à mesure qu'elle a tombé le masque. Je découvre une nouvelle Coralie, aigrie, jalouse parfois haineuse et surtout mal dans sa tête. Son humeur est changeante, elle peut être adorable comme détestable en un instant.

Moi, je suis parfaitement détachée et j'aime mon nouveau statut de femme désirable. C'est un peu une revanche sur le passé. La grosse vache est devenue *escort*, comme la chenille devient papillon. Hier, tu ne me voulais pas dans ton équipe, aujourd'hui tu paies pour m'avoir dans ton lit.

Je suis la version d'elle-même qui la dégoûte. Elle ne peut plus jouer à la petite bourgeoise propre sur elle avec moi. Je sais qui elle est, ce qu'elle fait, c'est elle qui m'a initiée. Quand elle me voit, elle se voit, ce reflet qu'elle déteste tant, ce milieu qu'elle essaie de quitter. Elle exerce depuis des années et se rêve en avocate et mère de famille.

Moi, débutante, rien ne m'affecte et j'arrive parfaitement à assumer mon rôle, sans honte ni perversité.

Notre collaboration et notre amitié prennent fin ici, sur le tarmac de l'aéroport Saint-Exupéry. Je reprends seule le chemin des rendez-vous, avec un léger goût amer d'une amitié brisée.

À mon retour de Londres, je négocie des congés supplémentaires avec le directeur du journal pour être à plein temps avec ma famille. Mon papa est de nouveau hospitalisé et ce samedi après-midi 25 août 2012, les plus grands classiques de Johnny résonnent dans les couloirs de la polyclinique.

— Papa, que veux-tu écouter ?

Il n'arrive plus à parler. Il essaie, mais aucun son ne veut sortir de sa gorge. Il se bat contre lui-même. Je vois ses larmes couler le long de son visage. Son corps ne réagit plus, mais son cerveau et son esprit sont parfaitement présents. Il secoue la tête et tente de communiquer. Il est agacé, prend le cahier posé sur sa table de chevet et en lettres majuscules, il écrit :

« JE VAIS CREVER »

Nous sommes toutes les trois, maman, ma sœur et moi dans cette clinique où maman a fait toute sa carrière, auprès de l'homme de notre vie qui semble effrayé par ce qu'il est le seul, à cet instant, à réaliser.

Il n'avait pas 56 ans. Il est mort la nuit suivante. À l'aube d'un dimanche matin. À l'heure où il se levait pour faire l'ouverture de la pêche à la truite. À l'heure où nous nous sommes si souvent couchés après des fiestas endiablées. Il n'y aura plus d'*after*. Il a clôturé la soirée, main dans la main avec celle qu'il a tant aimée. Le regard fixant le ciel, le sourire aux lèvres, il s'en est allé, c'est maman qui me l'a rapporté.

« Vivre pour le meilleur, Se vouloir pour tout se donner, Plus riche de ne rien garder, Que l'amour, Que l'amour, Vivre pour vivre libre, Aimer tout ce qu'on peut aimer, Encore et toujours ne vouloir, Que l'amour, Que l'amour »[3].

Aucun enfant n'est préparé à la mort d'un parent, même si la maladie est longue et douloureuse.

---

3. Johnny Hallyday, *Vivre pour le meilleur*.

Ma maman garde le cap, comme les chats qui se cachent pour mourir, elle attend le soir pour pleurer. Nous disons souvent que lorsqu'un être arrive, un autre part. Et la première fille de ma sœur, âgée de 4 mois, est là pour nous rappeler que la vie doit continuer.

10. Un mensonge qui dure

Septembre 2012

— Je vais quitter mon poste au journal et déménager, Aurore.

— Mais, tu viens d'avoir une promotion et tu l'aimes ton travail, pourquoi tu veux arrêter ? C'est difficile de perdre son papa, mais tu ne vas pas tout plaquer du jour au lendemain.

— Ce n'est pas le job de ma vie, j'en trouverai un autre. Pour le moment, je vais passer du temps avec ma maman, voyager et prendre un appartement seule, cela fait plus de deux ans que je vis avec toi, il est temps que je passe à autre chose.

— Et tu vas faire comment pour le payer ?

— Je vais me débrouiller, j'ai des économies.

— Mathilde arrête un peu, il est temps que tu me parles. Je ne suis pas idiote. Je vois comment tu vis depuis plusieurs mois. Quand nous allons au restaurant, je vois l'argent liquide que tu as. Tu crois que je vais te juger, que je ne m'inquiète pas pour toi ? Et pourquoi vous vous êtes soudainement disputées Coralie et toi ? Moi, je ne l'ai jamais vraiment appréciée, son air condescendant avait tendance à me glacer, mais c'était ton amie.

J'allume mon ordinateur et lui montre mon annonce. Je joue franc jeu, comme elle me le demande. Pour la première fois, après six mois d'activité, je me confie, je me confesse presque. Pour la première fois, je parle prostitution à quelqu'un qui n'est pas lié à ce milieu ou qui ne m'a pas rencontrée dans ce cadre. Elle s'intéresse, écoute mes histoires, me questionne. Le déroulement de mes rendez-vous, les attentes des hommes, la manière dont ils me traitent, leurs profils. Qui sont-ils ces hommes qui paient et que recherchent-ils ? Combien sont-ils prêts à payer ? Par quel biais me contactent-ils ? Est-ce qu'ils sont tous vieux et moches ? Ont-ils des pratiques perverses ? Est-ce que je me sens sale et je pleure parfois ? Est-ce que je jouis ? Ai-je peur, suis-je armée ? M'est-il déjà arrivé quelque chose ? Est-ce que je me protège correctement et fais des tests régulièrement ?

— Donc, toutes tes sorties avec Coralie, ce n'était pas vrai ?

— Je suis désolée de t'avoir menti, je ne voulais pas te perturber.

— C'est elle qui t'a entraînée là-dedans ?

— Non, pas vraiment.

Pour la première fois, de son côté, elle a une expérience directe avec la prostitution. Elle est fascinée, subjuguée, ses questions fusent et elle boit chacun de mes mots. Elle découvre concrètement cet univers. Ce n'est plus une vision illusoire rapportée au travers d'un reportage trash qui laisse imaginer tout et n'importe quoi, qui ne relate que la version extrême d'un milieu enclin aux tabous, aux jugements, aux clichés et aux fantasmes. Elle me connaît, m'apprécie, sait que je ne suis ni une fille perdue ni une *junkie*. Je n'ai pas la haine des hommes, n'ai pas été violée ni battue. J'ai des tares, comme n'importe quel être humain, mais je suis une fille ordinaire avec un travail intéressant, qui a cependant décidé de son plein gré de passer le cap des rencontres tarifées.

— Je suis stupéfaite de découvrir qu'il y a autant de demandes pour ce type de rencontres, et que des filles comme vous font cela, Coralie, Delphine, toi. J'imaginais que c'était une niche, à Monaco ou à Genève. Je sais qu'il y a plein de camions à Gerland, mais ce n'est pas la même chose.

— Disons plutôt que le décor n'est pas le même. Avant, je ne me doutais pas non plus de l'ampleur de ce marché. Depuis que je suis immergée, j'ai une estimation réelle et concrète. Je reçois plusieurs centaines de demandes par mois, alors le pourcentage d'hommes ayant recours à ce service est énorme, ce n'est pas de l'affabulation. Et le nombre de filles exerçant de manière occasionnelle ou régulière est certainement en adéquation avec la demande. Et comme tu le dis, des filles comme nous, pas seulement des femmes sous l'emprise d'un proxénète qui sont contraintes d'exercer dans un univers glauque et violent.

— Mais tu ne vois quand même pas cent clients par mois ?

— Non, je ne vois pas cent clients ! J'ai besoin de peu de rendez-vous pour vivre convenablement.

— Donc, tu as du cash planqué sous ton matelas comme dans les films ? Rhooo, vas-y, tu me montres ? S'il te plaît !

Je sors ma petite boîte en fer, insère la clef dans la serrure qui la verrouille et la lui tends.

Nous sommes face à face, assises sur le lit dans ma chambre. Il n'y a pas un bruit dans l'appartement. Elle me regarde droit dans les yeux en la tenant sur ses genoux, elle a l'air d'une petite fille un matin de Noël. Elle tapote du bout de ses doigts le métal puis le caresse comme la lampe d'Aladin. Après quelques « Abracadabra », elle l'ouvre.

— Oh putain ! Ohhh pu-tain ! Mais tu es plus riche que les dealers en bas de l'immeuble. Rhooo merde, je n'ai jamais vu autant de cash. Je peux toucher ? Mais tu as combien là-dedans ? Mais tu m'étonnes que ça vaut le coup. Rhooo, c'est génial ! Je suis désolée, je suis un peu excitée là, mais bon, tout ce pognon !

Je crois que la plupart d'entre nous sont comme Picsou à la vue d'argent liquide. On a envie de se rouler dedans, de jeter les billets en l'air en criant : « Faites vos jeux, rien ne va plus », de s'allumer un cigare et de faire péter une bouteille de champagne, juste parce que l'argent procure cela, l'effet feu d'artifice dans les yeux. Même quand on s'en fiche du fric, on ne reste jamais insensible face à un paquet de billets de banque étalés devant soi. Aurore, si elle souhaite devenir médecin c'est pour sauver des vies, pas pour travailler en clinique privée et confondre ordonnance et facture. Elle n'a aucune accoutumance aux choses matérielles, se moque d'avoir le dernier iPhone, trouve ridicule de dépenser ne serait-ce que 15 000 euros dans une voiture, quand il y en a à 5 000 qui roulent très bien. Elle aime partir en vacances avec un sac à dos, une boîte de thon et un sachet de pâtes lyophilisées. À cet instant, son engouement se rapproche de celui d'une découverte d'un trésor, pas à la richesse qui y est liée.

— Et tu as des habitués ?

— Je commence à en avoir quelques-uns.

— Tu me racontes ? Je suis hyper curieuse de savoir, mais si ça te gène...

— Non, pas du tout, au contraire ça me fait plaisir de partager cela avec toi. Il y a Olivier. En réalité, il s'appelle Pierre-Jean. Je l'ai découvert il n'y a pas longtemps, je l'ai aperçu en photo dans *Le Progrès.*

— Dans le journal ? Qu'a-t-il fait ?

— Pour son travail, il est directeur d'une école de marketing digital à Vaise. Je le savais déjà, puisque nous avons toujours rendez-vous dans les locaux.

— Dans les locaux de l'école ? Pendant les heures de cours ?

— Non, le soir. Il me donne rendez-vous à 20 h 30. C'est très étrange, parce que le scénario est toujours le même, c'est un peu comme partir en vacances chaque année au même endroit. Je ne vois pas ce qu'il y a d'exaltant et de divertissant. Payer une fille pour savoir exactement ce qui va se passer, ce n'est pas très excitant.

— Et que se passe-t-il lors de vos rencontres ?

— Il me demande de venir sans sous-vêtements.

— Certainement que cela l'excite de savoir que tu traverses Lyon sans culotte.

— Peut-être, mais il sait que je viens en voiture. Si je prenais le métro ou si nous allions dîner au restaurant, je peux imaginer que cela puisse être aguichant en public, le côté quelqu'un peut s'en rendre compte si je passe ma main sous sa jupe, je peux avoir accès directement à sa petite chatte. Là, je ne sais pas. Et si c'est le trajet qui l'excite, il serait déçu de savoir que je retire ma petite culotte une fois garée sur le parking. Car en cas d'accident de voiture, arriver avec les pompiers à l'hôpital sans sous-vête-ments, je trouve cela peu convenable !

— Nous voyons bien pire à l'hôpital, tu sais ! Et à part la culotte ?

— Quand j'arrive, nous nous faisons la bise et nous nous dirigeons jusqu'au distributeur de boissons. Il met ses petites pièces, appuie sur le bouton « déca sans sucre » pour moi et « café sucré » pour lui. Ensuite, nous allons dans une salle de cours et je m'assois sur un des bureaux, lui se tient debout face à moi.

— Il doit fantasmer sur une élève cochonne qui l'allume sans culotte !

— Je te rassure, ses élèves intègrent l'école à bac +2 ! Je ne satisfais pas les fantasmes d'un pervers pédophile.

— Rhooo c'est mal, j'ai l'impression d'être devant une série. Continue !

— Une série porno alors, ça t'excite petite cochonne !

— Je suis démasquée, je me cache, j'ai trop honte.

— Prépare-toi, ce qui suit est du grand art ! Nous buvons notre café, en général nous discutons de l'actualité, de ses problèmes au travail...

— Attends, je te coupe, il ressemble à quoi ? Au proviseur du collège ? Le petit gros à lunettes avec un air aigri, blasé et un peu vicieux ?

— Carrément !

— J'en étais sûre !

— Mais non, carrément pas ! C'est vraiment cliché. Olivier est grand, 1m80 avec une belle allure et un petit bedon. Il est typé méditerranéen, j'ai toujours l'impression qu'il revient de quinze jours sous les tropiques. Il est brun, les cheveux jusqu'à la nuque, légèrement ondulés. Petite cinquantaine, bien conservé, il a un peu le physique de BHL quand il était jeune, tu vois le genre ?

— BHL, il est pas mal.

— Oui, mais là, c'est BHL de chez Lidl. C'est la version *low cost*, je ne vais pas exagérer non plus.

— Il est marié ?

— Je n'en ai aucune idée. Il porte une alliance autour du cou sur une chaîne en or, mais il ne m'a jamais rien dit de personnel sur sa vie. Je sais qu'il est originaire de Bretagne, il a une maison à Brest où vivent ses parents, mais je ne sais rien d'autre. Nos discussions sont essentiellement basées sur les faits divers. Une fois notre café terminé, il s'approche de moi pour m'embrasser et me caresse la poitrine au travers de ma robe.

— Facile d'accès, il n'y a pas de soutif !

— Exactement, ensuite il me tripote l'entrecuisse.

— Facile d'accès, il n'y a pas de culotte !

— Exactement ! Je sors son sexe de son pantalon. Il sent toujours la savonnette, il doit se laver avant que j'arrive, c'est très appréciable.

— Il n'a pas de caleçon ?

— Mais si, il a un caleçon et une ceinture ! Excuse-moi, j'abrège. Je ne vais pas te dresser la liste exhaustive de nos tenues.

— Ah, mais si, moi je veux tous les détails ! Attends, tu te tapes BHL quand même, Bernard Henri Lidl ce n'est pas n'importe qui !

— C'est clair ! Donc BHL qui sent la savonnette a aussi une grosse bite, puisque tu veux tous les détails, pas vraiment très longue, mais plutôt très épaisse. Le genre de queue qui te fait mal à la mâchoire au bout de cinq minutes de fellation.

— Je vois bien. Celles qui surprennent quand tu les sors, où tu fais un petit mouvement de recul en te disant : « Ah non, non, là vraiment, ça ne va pas rentrer ! »

— Oui, c'est un peu ça.

— Tu mets du gel avant d'enlever ta culotte ? Je parle technique, c'est mon côté médecin. Tu ne m'en veux pas ?

— Non, je ne mets pas de gel.

— Ah oui, ça rentre tout seul ?

— Non plus.

— Comment ça, non plus ?

— Olivier ne me pénètre pas, jamais. Je m'allonge sur le bureau, les fesses au bord de la table et les cuisses ouvertes, à l'image d'un examen gynécologique. C'est assez peu confortable. Il relève ou enlève ma robe, du bout des doigts joue avec mon clitoris sans jamais le lécher. Il a une manière d'ailleurs de me caresser qui est plutôt désagréable, il ne stimule pas mon clito, il l'agace ! Il pose son gros sexe sur moi, se branle au-dessus de ma féminité, puis je le suce quelques minutes avant qu'il reprenne seul son jeu de main et éjacule sur mon pubis ou mes seins, en prenant toujours soin de m'en étaler un peu partout avec son index. Beaucoup d'hommes font cela, je me demande bien ce qui se passe dans leur esprit pour aimer nous barbouiller de leur semence. Il faudrait que je me renseigne, mais j'imagine que c'est sûrement lié encore à la domination ! Le pantalon aux chevilles dans une démarche de canard, il se dirige vers les toilettes et me rapporte du papier pour que je me nettoie, même si la plupart du temps je sors un paquet de lingettes avant qu'il ne revienne. Il se rhabille, enfin, remonte caleçon et pantalon, parce qu'il n'a rien retiré et me raccompagne jusqu'à la sortie. Il se passe moins de cinquante minutes entre mon arrivée sur le parking et mon départ.

— C'est tout ? Il paie pour se branler ? Tu m'as vendu du grand art, mais nous sommes dans un film érotique du dimanche soir sur M6 dans les années 1990. Je suis déçue.

— Cela me laisse aussi perplexe que toi. Peut-être que c'est le contexte qui l'excite ou que quelques caresses mêlées à la chaleur humaine lui permettent de s'évader et de répondre à ses besoins et envies. Ce n'est pas très glamour comme rendez-vous, pas de palace ni de champagne, juste une branlette accompagnée, mais il est toujours très aimable avec moi.

Olivier est un homme instruit, courtois, sympathique. Il dit être content de me voir, apprécie ma compagnie, nos discussions. De mon côté, j'ai le sentiment de lui apporter un peu de bonheur, et avoir des habitués est plaisant, tisser des liens et dépasser le côté tarifé. Quand je n'ai pas de ses nouvelles durant plusieurs semaines, je lui fais un petit SMS pour savoir comment il va, puis dans la foulée il me programme une entrevue. S'intéresser et se soucier de l'autre fait de ces rendez-vous de véritables rencontres humaines. Je sais que cela peut paraître insensé, mais plus les mois passent, plus les rencontres s'enchaînent, plus j'ai le sentiment que ces hommes achètent mon temps, ma compagnie plus que mon corps.

— Je ne devrais pas dire cela, mais je pense que tu as raison. Je ne vois pas quel est le problème. Nous pouvons disposer de notre corps comme nous le désirons. Il faut avoir sacrément des couilles pour le faire, sans jeu de mots. Mais comme toi, il n'y a pas grand-chose qui t'arrête. En revanche, tu ne peux pas avoir juste cela comme vie, on ne fait pas une carrière comme *escort*, et tu sais que tu as des capacités qui te permettent d'avoir un avenir passionnant. Promets-moi, Mathilde, de ne pas sombrer.

— Je fais une pause de quelques mois. Je ne vais pas te mentir, Aurore, c'est difficile de se lever tous les matins, de trouver de la motivation pour gagner en un mois ce que je gagne maintenant en quelques heures. Je n'ai plus envie de travailler au journal, j'en ai fait le tour, je sature et m'ennuie. Je vais prendre une année sabbatique, profiter de cette liberté pour voyager avec ma maman et je verrai bien où cela me mène, j'ai confiance en moi.

— Compte sur moi pour te rappeler à l'ordre. Et j'imagine que ta mère et ta sœur ne sont pas au courant. Tu sais, Mathilde, un mensonge qui dure trop longtemps est souvent difficile à accepter.

Ma maman est une femme moderne avec qui l'on peut discuter, elle n'attend pas de moi que je rentre dans un moule, elle en a abandonné l'idée. Elle n'espère pas non plus que je lui dévoile chacun de mes secrets. Elle me sait trop indépendante pour l'appeler chaque matin et lui raconter tout ce qui se passe dans ma vie.

— Et ta fille Mathilde alors, qu'est-ce qu'elle fait ? Qu'est-ce qu'elle devient ? Elle a enfin un chéri ?

— Oh, Mathilde, elle fait sa petite vie, elle finira bien par trouver sa voie et se poser.

Une main de fer dans un gant de velours, voilà une expression qui colle parfaitement à cette Franco-Italienne qu'est ma maman, cette femme indépendante et pionnière du féminisme. Elle est une jeune adulte dans les années soixante-dix, elle fait partie de la première génération à pouvoir prendre une contraception, à se faire avorter, à vivre sa sexualité librement, à porter des mini-jupes sans que cela ne choque personne, et à bronzer seins nus sur les plages sans pour autant passer pour une dépravée. Travailler, gagner son propre argent, ne plus dépendre d'un homme et ne pas être cantonnée à cuisiner et enfanter : « Soyez libres mes filles ». C'est ce qu'elle nous a inculqué, et même si j'ai toujours tendance à pousser le bouchon un peu trop loin, quoi qu'elle en dise, je suis ses directives.

11. Mathilde, raconte-nous une histoire

À présent, je suis seule à bord de mon bateau. Depuis que Coralie l'a quitté, je n'ai plus de chaperon. Nous nous tenions informées de nos rendez-vous, c'était notre filet de sécurité, nous savions qui, où, combien de temps. Même si je n'ai jamais eu besoin de l'appeler, c'est rassurant d'avoir quelqu'un qui sait, surtout pour une débutante qui ne maîtrise pas encore tous les rouages de ce milieu. Et même si Aurore est dorénavant dans la confidence, je ne peux pas lui donner le rôle d'agent de sécurité.

De temps en temps, les samedis soir je la retrouve avec ses copines de fac. Elles aspirent à devenir chirurgien, urgentiste, généraliste, anesthésiste et mènent de front leurs études et leurs gardes à l'hôpital.

On rit, danse, chante. L'une prend la guitare et les autres entament le dernier hymne qu'elles ont composé sur les péripéties de l'hôpital. Généralement, les faits divers sont glauques, voire carrément scandaleux, mais avec un brin d'humour et quelques notes de musique l'histoire en devient amusante. Et c'est comme cela que cette pauvre mamie qui s'est fait violer par un sans domicile fixe dans sa chambre, en service gériatrique, est devenue notre mascotte lors de nos soirées un peu trop arrosées, sur l'air de Cookie Dingler, la femme libérée s'est transformée en :

«Ce soir aux urgences, mémé s'endort, dans un lit d'hôpital, elle attend la mort, mais tu t'en fous, tu la violes quand même et lui murmures "Ta gueule, la vieille". Et j'ai violé mémé et elle a aimé, et elle attend demain pour recommencer».

Pauvre mamie, et pauvre chèvre aussi. Arrivé en consultation pour des céphalées aiguës, le patient de l'une d'elles a jugé nécessaire de lui transmettre une information qui selon lui pouvait avoir un lien :

— Docteur, je dois vous dire que je fais l'amour à ma chèvre. C'est peut-être à cause de ça mes maux de tête ?

— D'accord, je vois. Mais non, monsieur, je ne pense pas que ce soit lié et je ne suis pas certaine d'être compétente pour cette pathologie. Je peux éventuellement vous conseiller un confrère plus spécialisé dans le rapport à l'animal.

— Ah oui, il y a des médecins spécialisés dans les rapports sexuels avec les animaux ?

— Dans le rapport à l'animal, j'entendais par là dans le comportement à adopter avec les animaux. Oubliez, je vais vous faire une ordonnance pour une consultation.

Comparé à cela, l'homme qui me demande de lui uriner dessus, c'est du pipi de chat !

Elles me relatent leurs aventures et, sous couvert de ma vie personnelle et d'un compte Adopteunmec faussement très actif, je leur fais part des miennes. C'est devenu un petit rituel. Au milieu de la soirée, elles scandent toutes ensemble :

— Mathilde, raconte-nous une histoire !

— Vous me prenez pour Papa Ours ?

C'est vrai qu'il m'arrive toujours quelque chose, des anecdotes plus ou moins antipathiques, dans ma vie de tous les jours ou lors de mes rencontres. Quand ce n'est pas la boulangère qui gentiment s'intéresse à moi à force de me voir et m'interroge :

— Vous êtes mariée ? Vous avez des enfants ?

— Non, ni l'un ni l'autre.

— Ah bon, mais vous êtes toute seule ? Encore à votre âge ? Divorcée peut-être, au moins ? me dit-elle d'un ton effaré. Tenez, je vous offre un sachet de croissants.

Je ne sais pas si je trouve cela sympathique ou misérable : «Tiens pauvre fille, va noyer ta solitude dans une plaquette de beurre croustillante».

Quand ce n'est pas elle, c'est le pote d'un ami qui en *after* chez lui, à 5 h du matin en rentrant de soirée me dit :

— Bon, maintenant, j'ai envie de te baiser.

— Moi, je suis juste venue prendre un dernier verre, tu sais.

— Tu es chez moi, si j'ai envie de te baiser, je te baise. Je ne te demande pas ton avis. Il ne fallait pas venir.

Les deux jeunes hommes se sont battus, je me suis sauvée, j'ai déambulé rue Sainte-Catherine jusqu'à trouver un taxi, le maquillage dégoulinant et les collants filés.

Puis, cette fois où je suis restée dormir chez un pseudoamoureux. À 3 h du matin, j'ai été réveillée par de grands coups sur la porte d'entrée et par des voix de femmes :

— Jefferson, ouvre-nous, on sait qu'elle est là.

Jefferson avait déjà deux femmes et, à présent, elles étaient liguées contre moi.

— Sors, on ne va pas te faire de mal.

11. Mathilde, raconte-nous une histoire

— Je ne préfère pas, non. Mais, vous savez les filles, je ne connaissais pas votre existence. Soyez rassurées, quand je pourrai sortir d'ici en toute sécurité, quand le calme sera revenu, je vous le laisserai !

Et au milieu de tout cela, je glisse à mes copines une jolie comptine presque romantique, qui n'est que le fruit d'une rencontre tarifée.

— Il y a quelques années, j'ai fait la rencontre d'un garçon, quand je vivais du côté de Bordeaux, un footballeur, extrêmement sexy.

— Un pro ? On le connaît ? C'est qui ?

— Les filles, qui suit le foot ? Laquelle est capable de me donner le nom d'un joueur ?

— Zidane !

— À part Zidane ? Un joueur de Bordeaux ? Non, personne ? Un Lyonnais peut-être ?

— Oui, si, j'ai, attends, comment il s'appelle ? Tout le monde le connaît. Mais si. Un rebeu, beau gosse, ça va me revenir.

— Donc nous sommes d'accord, personne ne connaît personne, ce n'est pas utile que je vous dévoile son identité.

— Une photo, une photo, une photo !

— Peut-être après si vous êtes sages et que je peux raconter mon histoire sans avoir une bande de filles à moitié hystériques qui m'interrompent toutes les dix secondes.

— Attends, on se ressert un verre !

— Ça va être une histoire croustillante, j'en suis sûre.

— Je peux reprendre ? Donc, Mario m'appelle la semaine dernière. C'est un pseudonyme, ne commencez pas à sortir Google. Il est de passage à Lyon et aimerait que l'on se voie.

Mario est grand, Mario est beau, Mario est musclé et vif d'esprit, quand le ballon arrive à ses pieds, il sait qu'il doit courir!

— Premier tacle! Tu commences fort, le pauvre.

— Je le retrouve à la Villa Florentine, sur les hauteurs de Lyon, pour prendre un verre.

— Tu t'es mise en bombe?

— Au-dessus! Je suis au top de moi-même, je suis la sixième étoile de l'hôtel!

— Mais comme tu te la pètes! Mais comme j'adore quand tu racontes les histoires! On a l'impression d'y être.

— Le concierge m'accueille : «Bonjour madame, bonjour monsieur». Et là, je vois arriver, casquette enfoncée jusqu'au milieu des yeux, lunettes de soleil en dessous, cette créature divine, cet apollon des temps modernes, le bien nommé Mario. La foule s'écarte. Enfin, la femme de ménage qui passe par là se décale. Il se dirige droit vers moi. J'ai envie de scander son nom comme lors d'une entrée de match. Il me fait une petite accolade avant de s'adresser au concierge : «Pouvez-vous appeler le chauffeur pour nous descendre en Presqu'île? Tout de suite, monsieur Mario.» La Jaguar de l'hôtel vitres teintées arrive quelques instants après. Nous nous glissons à l'intérieur. Et à votre avis les filles, quelle est la première chose que je lui dis?

— Où va-t-on?

— Ça me fait plaisir de te voir, depuis le temps?

— Baise-moi là tout de suite sur la banquette?

— C'est ce que j'ai pensé! Ce n'est pas ce que je lui ai dit!

— Te connaissant, tu as dû lui faire la visite guidée de Lyon. Sur ta droite, tu peux apercevoir la magnifique basilique de Fourvière, juste à côté, la mini tour Eiffel qui, en fait, plus vulgai-

11. Mathilde, raconte-nous une histoire

rement n'est autre qu'une antenne satellite. Sais-tu d'ailleurs pourquoi nous célébrons le 8 décembre ?

— Tu as des potes pour mes copines ?

— Allez, tu nous fais languir, que lui as-tu dit ?

— Je lui ai dit : « Mais es-tu sérieux ? Étais-tu obligé de t'enfoncer un parasol sur le crâne et de mettre des lunettes de soleil alors qu'il fait nuit ? Penses-tu vraiment que quelqu'un va te reconnaître ? Nous sommes à Lyon et tu n'es pas Benzema ! »

— Ah voilà, Benzema ! C'est le nom que je cherchais tout à l'heure ! Donc ce n'est pas lui ?

— Mais il est vraiment connu ?

— Comme un joueur de foot. Il m'a regardé en me disant : « J'enlèverai tout quand nous serons installés à table ». Pensées perverses qui me traversent l'esprit, forcément ! Tout humm, je ne t'en demande pas tant ! Le chauffeur s'est arrêté en double file devant le restaurant avant de m'ouvrir la portière. Mario, tête baissée, est descendu à son tour. Nous avions cinq mètres à faire à pied pour rejoindre l'établissement. Deux passants sont arrivés au même moment et lui ont lancé : « Hey, Mario, ce n'est pas parce que tu te caches sous une casquette que l'on ne te reconnaît pas. On se fait un selfie ? Mademoiselle, vous venez sur la photo ? Euh non, ça ira, merci ! » Quand les deux fans sont partis, je lui ai dit : « Eh bien, vois-tu, c'est exactement ce que je te disais il y a cinq minutes. Cela ne sert à rien de te déguiser, quoiqu'il arrive tu seras reconnu. Quand on est une star, on est une star ! »

— Mais tu es d'une mauvaise foi légendaire, remarquable même !

— J'avoue que ça m'a bien fait rire.

— Et ça mange quoi, un footballeur ?

— Du gazon, pour faire corps avec le terrain ! Non, il m'a emmené chez Cuisine et Dépendances, rue de la Charité, à côté de Bellecour, la table gastronomique du Chef Fabrice Bonnot. C'est la première fois que je me suis trouvée face à un menu sans prix. Très honnêtement, ce n'est pas évident de faire un choix.

— Quel est le problème ? Il est blindé.

— Oui, mais même si cela peut paraître élégant, en réalité c'est très gênant. Déjà, parce que tu es la femme et donc le restaurateur part du principe que tu vas te faire inviter.

— Tu avais l'intention de payer ?

— Absolument pas ! Mais ce n'est pas pour autant que le prix ne m'intéresse pas. J'ai donc commandé la même chose que lui, le menu « Prestige Mille et Une Saveurs ». Mise en bouche, deux entrées, deux plats, fromage, dessert et mignardises. Croyez-moi, après tout cela il faut être sacrément sportif pour avoir encore de l'énergie pour un corps à corps !

— Et alors, il a marqué un but ?

— S'il avait été rugbyman, je vous aurais dit qu'il a marqué un essai, mais qu'il ne l'a pas transformé !

Ce charmant sportif a été très agréable, je suis repartie au milieu de la nuit avec mon enveloppe, mais cela, mise à part Aurore, mes copines ne le savent pas. Une histoire en chasse une autre, nous n'avons jamais reparlé de Mario. Il a été directement rangé dans la case « plan cul d'un soir » en conservant son anonymat. Mais, la vérité est que je n'ai plus de plan cul d'un soir. A-t-on envie de baiser quand on se prostitue ? Pour ma part, oui, mais pas n'importe comment, pas avec n'importe qui, pas du cul pour du cul médiocre et bâclé. Si j'ai décidé d'opter pour ce mode de rencontres, c'est justement pour m'éviter toutes ces histoires fades d'un soir. Alors, dorénavant, les rares fois où j'accepte de m'offrir à un homme, c'est purement égoïstement, pour mon seul et unique plaisir, sans me soucier ni de mon partenaire ni du lendemain ou de ce qu'il pense de moi. Je vis l'inversion des rôles et c'est un positionnement qui me semble évident, presque un juste retour des comportements, un boomerang lancé il y a des années par ces messieurs et qui devait tôt ou tard revenir en ayant effectué un virage à 180 degrés.

— Mathilde, tu es vraiment une super nana, j'adore passer du temps avec toi. Tu as envie que l'on parte tous les deux le week-end prochain ? Et demain midi, tu viens déjeuner avec moi chez des amis ?

— Oui, avec grand plaisir. Moi aussi, j'apprécie les moments que nous partageons.

— Tu restes dormir ?

— Non, c'est gentil, je vais rentrer. On se retrouve demain midi chez tes amis.

— Finalement, je préfère y aller seul.

Cette anecdote vécue avec un courtisan personnel est révélatrice de la société actuelle et de nos rapports homme/femme. Nous consommons les gens comme nous consommons les choses. Si tu ne couches pas, tu n'es pas intéressante, si tu couches, tu n'es plus intéressante. Car quelques mois auparavant, ce même jeune homme m'avait sorti le grand jeu. J'avais succombé et étais restée « dormir », puis il s'était volatilisé. Je ne dis pas que l'amour n'existe pas, je pense seulement que d'avoir trop de choix facilement ne nous fait plus choisir. Nous ne faisons plus d'efforts, ne nous battons pas, on *swipe* et on *ghost*. Le *ghosting* est devenu la nouvelle tendance. Les gens disparaissent sans mot, sans explication ni raison, que ce soit en amour ou en amitié. Je me suis souvent sentie comme cet iPhone, qui n'a que quelques mois d'existence et dont l'écran n'est même pas fêlé, mais que l'on range au placard parce que le dernier sorti a une nouvelle option, qui n'a aucune utilité, mais qui le rend plus attractif. Pour se justifier de son comportement après mon refus de coucherie, ce prétendant m'a incriminée :

— Tu m'as vexé. Que tu te refuses à moi m'a fait penser que je te laissais indifférente, donc je n'ai pas voulu que tu viennes déjeuner pour ne pas te contraindre à passer du temps en ma compagnie.

— N'est-ce pas une réaction d'enfant gâté ? Pour ma part, il me semble que lorsqu'on tente de séduire quelqu'un avec de vrais sentiments honnêtes et sincères, on ne s'arrête pas à une partie de jambes en l'air déclinée. Et puis, souviens-toi quand nous avions passé une nuit ensemble, tu ne m'avais pas rappelée. Quelle explication as-tu pour cela ? Je m'intéressais trop à toi ?

— Je ne voulais pas abuser de toi, je souhaitais simplement être romantique et passer la nuit dans tes bras.

— Pardonne-moi, il est vrai que je n'ai pas beaucoup de notion en termes de romantisme. Il me semblait que celui-ci était lié à la séduction, à la patience, aux fleurs et aux petits messages bienveillants.

12. Où je veux, quand je veux

Octobre 2012, ma démission du journal est effective.

— Math, on se reverra ? Pour Coralie, ne t'en fais pas, elle a quelques soucis, elle...

— Elle a fait ce qui lui semblait être juste. Tu sais, ma Delphine, les amis, ça va ça vient, et seul le temps est garant d'une amitié sincère.

— Elle ne supportait plus cette vie-là.

— Je n'étais pas un client, mais son amie.

Entre les portes de nos bureaux respectifs, notre conversation à demi-mot nous suffit. Je lui fais un clin d'œil, mon carton d'affaires personnelles sous le bras, tous mes souvenirs de ces trois années au sein de ce journal que j'ai tant aimé. Journalistes, maquettiste, comptable, commerciaux, l'effervescence des jours de bouclage, les vendredis pizzas, mon nom dans l'ours, tout cet univers atypique va me manquer, mais dorénavant je suis complètement libre. Je traverse la place des Cordeliers, je pourrais tout aussi bien être à New York. Je prends de la hauteur et me vois fouler de mes talons les pavés, la tête légère bercée par la brise du vent et les joues réchauffées par les derniers rayons du soleil d'automne. Ce soir, je ne prends pas de taxi, je me serre dans le bus C3 qui me ramène chez moi : « Salut, les artistes ! Une nouvelle vie s'offre à moi ».

Les semaines suivantes, je navigue entre Lyon, mes recherches d'appartement, mes rendez-vous et des séjours chez ma maman. Un soir, nous sommes confortablement sur son canapé, un verre de bourgogne à la main devant un reportage de l'émission *Sept à Huit* dans laquelle témoigne à visage caché une *escort* de Genève. Ma mère commente :

— Si j'avais 30 ans aujourd'hui, j'opterais pour ce mode de vie.

— Ah, oui ? Ma petite maman, je connaissais ta largesse d'esprit, mais pas tes mœurs légères !

— Mœurs légères, mais enfin ma fille, la liberté sexuelle est un droit.

— Mais, lorsque l'on se fait payer, la liberté devient un travail, non ?

— Et alors ? Si c'est un choix, cela prend encore plus de sens, la liberté de travailler est aussi un droit.

Je connais suffisamment ma maman pour déceler que ses remarques ne sont pas anodines.

— Je visite un appartement demain.

— Tu envisages de trouver un nouvel emploi pour payer le loyer ?

— Pas pour le moment, je suis au chômage depuis moins d'un mois.

— Mathilde, ma fille, tu penses que cela va durer encore combien de temps que tes amoureux soient généreux avec toi ?

— Le temps d'en trouver un qui m'aimera.

Ma réponse résonne comme un aveu, et nous n'avons pas besoin d'étendre nos propos. Ce qui lui semblait être une possibilité devient à cet instant une réalité. Mais, je me cache derrière un ton rieur pour semer quelques doutes.

Ma colocation avec Aurore se passe sans encombre, si je veux mon appartement c'est pour recevoir mes clients. Les rendez-vous en déplacement prennent plus de temps et je suis confrontée régulièrement aux « fantasmeurs ». Même si je converse plusieurs minutes au téléphone avec chacun des hommes et que je tente de déceler quelle personnalité se cache derrière l'écran, ma technique n'est malheureusement pas infaillible.

Le « fantasmeur » discute longuement, rentre dans les détails de la prestation sexuelle. Il est insistant, évoque toutes les positions, l'éjaculation, m'interroge sur mes différentes lingeries, m'expose son souhait de *dress code*. Quand nous nous mettons d'accord sur les modalités du rendez-vous, qui a lieu dans la foulée, il poursuit les échanges par messages. Soit des gentillesses : « Tu as une très belle voix, je suis content de te rencontrer. » Soit des précisions sur mes préférences et ma jouissance : « J'ai envie de te faire jouir, comment veux-tu que je te prenne ? » Il ne rompt jamais le contact jusqu'à l'heure de la rencontre. Quand j'envoie le message : « Je suis garée », il ne répond plus. Et si je tente d'appeler, il coupe son téléphone. Des hommes fantasment, et comme il est plus simple de parler de sexe avec une prostituée qu'avec une fille de Tinder, ils feignent un rendez-vous, se masturbent pendant l'échange puis disparaissent. C'est rageant, mais c'est le métier qui rentre : apprendre à analyser un comportement et savoir dire non à une demande de rendez-vous quand elle paraît suspecte, même si elle ne l'est pas, savoir dire non. Dans mon activité, c'est la plus importante des choses. J'apprends aussi, avec l'expérience, que les rencontres d'une heure à l'autre sont là pour assouvir une pulsion sexuelle, animale d'un homme qui a envie de se décharger. Il ne veut pas t'offrir un verre de vin ni savoir si tu as une activité en parallèle ou si tu t'es fait dix clients dans la journée. Il s'en fiche, il veut baiser. Tu n'es pas une succulente pâtisserie qu'il s'offre, tu n'es qu'un vulgaire sandwich Sodebo.

Je me mets en quête du logement idéal pour recevoir à domicile, mais en sécurité et en toute discrétion. Après plusieurs mois de recherche, en mai 2013, je signe le bail d'un T2 cours Émile Zola à Villeurbanne. L'immeuble sort juste de terre, je suis la première locataire. Quand je le visite, des ouvriers sont encore à manœuvrer et tous les étages ne sont pas finalisés. Il y a un visiophone, un double sas de sécurité, un code pour accéder à l'ascenseur, un second pour le faire fonctionner et monter dans les étages. Mais ce qui me séduit le plus, c'est la localisation.

— Allo, Élie ? Tu n'imagines même pas où je vais poser mes cartons !

— Tu as trouvé un appart', félicitations mon chou ! Alors, c'est où ?

— Au commissariat ! Enfin, le bâtiment collé au commissariat !

— Mais c'est énorme ! Tu pourrais même te mettre à dealer ! Parce que tu sais ce que l'on dit : on ne voit pas ce que l'on a devant soi !

— C'est exactement ça ! Pour le deal, cela me semble bien trop dangereux, chacun son domaine d'expertise, mais je n'aurais pas pu trouver mieux comme logement.

Depuis Londres, avec Élie, nous sommes devenus amis. Il n'est pas question de sexe ni d'argent, il est mon pilier, le grand frère que je n'ai jamais eu, un des hommes de ma vie. Celui que je choisirais s'il ne devait en rester qu'un. Franc, honnête, droit, lucide, ouvert d'esprit et combattant. Nous ne développons aucun sentiment amoureux, mais une grande amitié. Je connais tout de lui, il connaît tout de moi.

J'emménage en juin 2013, certaine de ne pas être en insécurité en indiquant : «C'est le bâtiment collé au commissariat». Mon balcon donne directement sur la cour arrière où les agents de police fument leurs cigarettes, déjeunent au soleil ou font de l'exercice. En cas de problème, j'ouvre simplement la fenêtre. Et il faudrait être sacrément pêchu pour venir assassiner ou voler quiconque vivant dans le périmètre le plus sécurisé et ayant le plus de caméras de la ville. C'est un peu culotté, mais je trouve amusante la perspective de recevoir des hommes à côté d'un concentré de forces de l'ordre.

À présent, je ne suis plus une débutante ni une occasionnelle. J'ai fait ma première passe il y a plus d'un an, et ma seule activité professionnelle depuis neuf mois est la prostitution. Je fais venir les hommes chez moi, sans qu'il ne m'arrive jamais rien. Je suis de plus en plus sélective et reçois peu. J'offre ce service en dernier recours et en étant presque certaine que la personne est de confiance. C'est à la fois pratique et déroutant d'être à domicile. Pratique d'un point de vue organisationnel, je n'ai plus les temps de trajets et fais moins d'effort pour me vêtir. Si je porte une robe un peu trop courte, moulante et que l'on voit la naissance de mes bas, de toute façon je ne croise personne. En cas de lapin, je n'ai pas bougé de chez moi, mais il n'y a pas la magie des hôtels cinq étoiles, des bulles de champagne et des chocolats qui les accompagnent. Pour les hommes qui viennent

12. Où je veux, quand je veux

chez moi, c'est du *all inclusive,* comme dans un club Maramara. Je dois leur offrir un verre, rares sont ceux qui arrivent avec une bouteille à la main. Un jour, l'un d'eux m'offre un flacon de parfum, *J'adore* de Dior, clin d'œil sympa, mais je porte *Coco Mademoiselle* depuis mes 18 ans. Et je ne me rends pas quelque part, j'attends un homme. La finalité est la même, mais, comme pour tout, il y a l'art et la manière. Avoir des rapports sexuels dans mon lit ne me dérange pas, je mets toujours un boutis que je lave après chaque rencontre. Ce qui me contrarie, c'est le manque de charme et de prestige des rendez-vous à domicile. Alors, je poursuis mes escapades dans les hôtels et au domicile des hommes. Je me lie d'amitié avec certains et suis presque la petite amie pour d'autres, même si je prends mes distances avec les hommes qui ont trop d'affects pour moi. Je ne souhaite pas jouer avec les sentiments pour en retirer un bénéfice financier. L'honnêteté et la bienveillance doivent aller dans les deux sens pour que la relation soit saine.

Quand je me lasse de Lyon, je pars à Nice, je change la localité de mon annonce et loue sur Booking un appartement avec vue sur mer, sur la Promenade des Anglais. C'est un des côtés attractifs de cette activité, et j'en reviens toujours à ce mot : la liberté. Pouvoir partir n'importe où, n'importe quand, suivre ses envies, les rayons du soleil ou les pistes enneigées. Décider de se prélasser ou de faire quelques rencontres pour financer ses vacances.

Entre deux rendez-vous, je marche sur le sable et déjeune sur la terrasse du Negresco. J'aime m'évader à Nice, la ville est belle, il fait toujours beau. Je songe à m'y installer, et par curiosité je navigue sur le site de Pôle emploi. Je découvre une offre pour un poste de commerciale dans le secteur de la publicité. Je suis place Masséna dans un café à l'heure du petit déjeuner :

— Madame Davril, vous venez de postuler à notre offre, seriez-vous disponible pour que nous échangions quelques minutes ?

— Oui, avec plaisir.

— C'est un emploi de commercial itinérant sur la région Paca. Nous vous garantissons une avance du montant du SMIC, qui sera ensuite déduite de vos commissions, et vous aurez un véhicule de fonction à l'issue de votre période d'essai de six mois, si toutefois vos chiffres de vente sont suffisamment importants pour couvrir cette dépense.

— Donc, j'utilise mon véhicule pour tourner sur toute la région et si je ne fais pas assez de chiffre, je m'endette auprès de votre société, c'est bien cela ? Ça me fait penser au proxénétisme, pas vous ?

Peut-être suis-je trop ambitieuse ou rêveuse pour accepter n'importe quoi, mais la réalité du marché du travail me laisse perplexe et me conforte dans l'idée que mon choix de vie est bien plus valorisant, libertaire et rémunérateur. Je préfère vendre mon corps et mon temps en étant la seule bénéficiaire que d'avoir le sentiment de me prostituer pour un patron.

En juillet 2013, j'accepte de faire la rencontre de Nicolas, 36 ans. Il m'invite à le retrouver dans sa chambre d'hôtel, un Ibis à l'extérieur du centre-ville niçois. Ce n'est pas un palace, mais le jeune homme me *book* pour deux heures et a pris soin de me demander quelles étaient mes préférences, vin, champagne, soda, chips ou noix de cajou, des détails qui font la différence et qui laissent présager un moment festif.

Quand il m'ouvre la porte, j'ai un temps de recul. Je suis face «au mec de quartier». Il a la panoplie complète du stéréotype : le jogging Lacoste, la casquette à l'envers, la paire de Air Max et le joint à la main. Néanmoins, il tente de me rassurer.

— Pour commencer, je tiens à m'excuser. Je m'appelle Bilel, pas Nicolas. Mais comme les filles comme toi ne veulent pas rencontrer les mecs comme moi, j'ai menti sur mon prénom. Je sais qu'il y a plein de tocards et je comprends parfaitement. Mais moi, je suis un gars cool. Je veux seulement passer une bonne soirée, sans embrouilles. Ce soir, tu es ma princesse. Si tu veux du shit, il y en a, de la coke aussi. J'ai pris du champagne, du Jack et, si tu as besoin de quoi que ce soit, je passe un coup de fil et tu as tout ce que tu désires. Je te paie dès à présent, si tu souhaites cacher l'argent dans tes affaires ou le mettre dans ta voiture, il n'y a aucun problème, vas-y, je t'attends. Si tu reviens, c'est bien, si tu ne reviens pas, le voyou ce sera toi.

Il a raison, les filles comme moi en général ne veulent pas rencontrer les mecs comme lui. Me concernant, je n'ai jamais fait de discrimination au prénom si l'homme se présente de manière amicale, qu'il emploie un vocabulaire soutenu et qu'il me convie dans un secteur résidentiel, alors je lui donne ma confiance, comme à n'importe qui.

Je passe une soirée complètement lunaire avec cette personnalité exubérante et extravagante. Je ne prends aucune des drogues étalées sur la table de chevet, je dois rester en pleine possession de mes moyens. Être lucide et réactive à tout instant, cela fait partie des règles que je me suis imposées. Je fume des cigarettes et déguste le champagne. Lui roule des joints, tape des traces de cocaïne, se sert verre de whisky sur verre de whisky en me racontant ses histoires. Il serait le chef du business à Nice, tout passe par lui. Il me narre l'organisation du réseau en France, au Maroc, le rôle des uns et des autres, les guerres de territoires, les techniques pour faire passer la drogue, la prison.

— On vient de tenter un coup, mais ça s'est mal passé. C'est pour ça que j'ai besoin de déconnecter ce soir, ma jolie. Ça va me coûter très cher cette connerie. Il y a trois mois, on m'a présenté un pilote d'hélicoptère qui voulait jouer les voyous. Comme je suis toujours à la recherche de nouveaux moyens pour faire passer le cannabis, j'ai mis une transaction en place. L'hélicoptère devait récupérer 200 kilos dans les montagnes de la région d'Hassi Berkane, au sud de Melilla, et les remonter vers Sainte-Léocadie, un village de l'autre côté d'Andorre. On a bossé comme des dingues sur cette mission, avec mes équipes. Faire atterrir un hélico dans les montagnes marocaines, tu imagines que ça ne passe pas inaperçu et qu'en moins de cinq minutes tous les militaires du coin débarquent. Il a fallu se mettre d'accord avec eux, les payer pour qu'ils ferment les yeux. On a acheté des lumières, des balisages, tout le nécessaire pour faire atterrir et décoller l'hélico dans le noir, et des motos pour surveiller avec des jumelles infrarouges.

— Sacrée organisation. Mais avec tous ces investissements et le coup de l'hélicoptère, c'est rentable ?

— Oui, tu rentabilises sur plusieurs transactions.

— Qu'est-ce qui s'est mal passé, l'hélico s'est crashé ?

— Non, j'ai fait confiance à un blaireau. Je vais te dire quelque chose, ma jolie, quand on ne maîtrise pas un domaine, on ne se lance pas dedans, j'ai appris cela. Mais c'était tellement beau comme coup, je me suis laissé aveugler par mon ego. Faire passer de la drogue en hélico, ça m'a fait rêver ! J'aurais pris une dimension supérieure dans le business.

— Le pilote a détourné la marchandise ?

— Il n'aurait pas eu les couilles de le faire, excuse-moi, ma jolie, je parle mal.

— Qu'a-t-il fait ? Tu me fais languir !

— Il est parti de France avec l'hélico, officiellement pour un vol touristique. Il a survolé l'Espagne puis a traversé la mer d'Alboran pour se poser à Melilla, sur le continent africain, mais c'est une ville espagnole. Il devait faire le plein et traverser la frontière. Seulement, cet abruti n'était pas au courant qu'une autorisation préalable était nécessaire pour passer de l'Espagne au Maroc, et obtenir cette autorisation prend plusieurs semaines. Il a dû faire demi-tour à vide.

— C'est de l'amateurisme ! Excuse-moi, mais mettre en place une opération comme celle-ci et se faire stopper pour une histoire de paperasses, c'est comme faire un braquage en trottinette électrique sans batterie !

— Ce n'est pas le pire. Comme l'hélico n'est pas venu, la marchandise a été saisie. Tout devait être clean à 6 h du mat'. Les militaires ont mis fin à notre accord et ont embarqué la drogue. Je dois quand même la payer à mon fournisseur, c'est mon transport qui a foiré.

— Ce doit être énorme comme dette, 200 kilos, 200 000 euros ?

— Dans cette fourchette ! Je suis en train de négocier, mais tu ne rigoles pas avec des gens comme ça. Ce matin, il y avait trois mecs de Marseille en bas de chez moi, envoyés par les Marocains, Kalash à la main. Ils sont venus m'annoncer le montant de la facture, le délai pour payer et ils cherchent le pilote. Ils veulent le fumer.

— Tu m'étonnes ! Il ne doit pas être serein.

— Je lui ai dit d'aller se planquer le temps que ça se tasse. Je suis un gentil garçon, tu sais, ma jolie, je ne vais pas faire tuer un père de famille.

— Sympa, ton histoire. Rassure-moi, des voyous armés étaient devant chez toi ce matin et ils veulent tuer quelqu'un. En repartant, quand je vais ouvrir la porte, est-ce que je vais me faire buter ?

— Non, ma jolie, ne t'inquiète pas ! N'oublie pas que je suis le chef et qu'on est dans ma ville, ici.

Je suis toujours habillée, il n'a procédé à aucune fouille. Je peux être flic. Je ne lui en parle pas. Je ne veux pas éveiller des soupçons qui n'ont pas lieu d'être. Il me dévoile tout ou me raconte un scénario de film, je ne sais pas, mais il va jusqu'à me sortir un 44 Magnum de ses affaires. Je n'ai pas peur des armes à feu, j'ai déjà effectué des séances de tir dans des stands d'entraînement et je suis là depuis presque deux heures, je ne me sens pas en insécurité. Le jeune homme a envie de se confesser et je me passionne pour ses histoires. À moi d'être au cœur d'enquêtes exclusives, de ce monde aussi caché que le mien. Un peu plus exposé c'est vrai, nous faisons plus la chasse aux stups qu'aux putes, il y a plus de reportages sur les dealers que sur les *escort girls*.

Il me rajoute de l'argent pour que je reste une heure de plus. Il ne me touche pas, ne m'embrasse pas, ne s'intéresse pas à mon corps, il veut se défoncer et me raconter sa vie. Il me rajoute encore et encore de l'argent et finit certainement par se dire : « Faudrait peut-être que je la baise, je l'ai fait venir pour ça à la base. » Mais, il est déjà trop tard, son organisme est rempli de substances qui empêchent le bon fonctionnement de son corps d'homme.

À chacun de mes passages à Nice, je l'informe de ma présence. Chaque fois qu'il change de numéro de téléphone, il me le transmet. Nous passons de temps en temps quelques heures ensemble, semblables aux premières, avec des histoires toujours plus rocambolesques.

Mais à Nice, au-delà des rencontres atypiques et de la vue sur la mer, c'est la solitude qui rythme mes séjours. Voir des hommes et déjeuner seule n'est pas réjouissant très longtemps. J'ai besoin de liens affectifs, amicaux, d'une copine avec qui dépenser mon argent à Monaco. Alors, j'écume les sites d'*escorting*. Je trouve l'annonce de Sandra qui semble avoir le même profil que le mien. Je lui fais parvenir un message de présentation et dans la foulée elle m'appelle pour prendre un verre. Nous nous retrouvons sur la terrasse d'un petit troquet discret dans le vieux Nice. C'est une très belle jeune femme élancée, ses cheveux longs ondulés roux vif, ses grands yeux verts ornés de cils parfaitement recourbés et son teint de porcelaine lui donnent l'allure de la princesse Ariel, la petite sirène, même si elle m'a confié ne pas apprécier cette comparaison, qui semble pourtant flatteuse. Elle a une beauté pure, nordique et naturelle. Elle est originaire de Nice, a 30 ans et est en reconversion professionnelle. Issue d'un milieu aisé, très élégante et raffinée, elle baigne dans l'univers du luxe depuis toujours et connaît parfaitement Monaco et ses travers. Être *escort* lorsque l'on est célibataire, c'est presque normal sur la Côte d'Azur. Cela commence par une proposition d'un homme d'affaires généreux au Buddha-bar, un échange de bons procédés maquillé sous de la galanterie. Puis cela devient récurrent, car tout comme je le pense, pourquoi s'offrir quand certains hommes sont prêts à payer ? Cette prise de conscience devient alors une évidence et un mode de vie. Tout de suite, elle fait preuve de sympathie à mon égard, elle est drôle, bienveillante, me conseille sur les quartiers à éviter, me transmet les numéros de téléphone d'hommes à problèmes. Sur certains sites d'*escorting*, il y a une rubrique « Blacklist ». Les filles peuvent répertorier les numéros, laisser un commentaire, une description des hommes qui se sont mal comportés. Vol, viol, violence, séquestration, de sombres histoires sont relatées. Avant de valider un rendez-vous, je vérifie systématiquement le numéro sur le *listing* en ligne. Nous sommes généralement seules et isolées dans notre art, alors lorsque nous rencontrons des consœurs ou un moyen d'être liées, la solidarité prend le dessus sur notre soi-disant concurrence ou jalousie féminine.

13. Master en sexe

Je passe la fin de l'année 2013 à aller de Lyon à Nice, à Aix-en-Provence et à Paris.

Sandra, ma nouvelle copine *escort*, me fait découvrir Monaco, les restaurants, le Caffé Milano, le Maya Bay, le casino, la nuit, le Jimmy'z, le Buddha-Bar. J'observe une nouvelle face de la prostitution, l'ultra luxe. Tous les clubs sont remplis de jeunes femmes pouvant largement prétendre être l'égérie de Victoria's Secret. Elles sont entre amies, dansent, chantent et parlent anglais. Au fur et mesure que la soirée avance, des hommes d'affaires, russes ou saoudiens pour la plupart, affluent et, quand le voiturier avance Ferrari ou autre Lamborghini, les demoiselles suivent le pas.

Je n'ai jamais exercé à Monaco. Je ne peux pas les concurrencer, je n'ai pas le physique et ne parle pas un mot d'anglais. Mais, je sors dîner et prendre des verres avec Sandra. Nous sommes certainement encore fichées, plusieurs fois à l'entrée de la ville nous nous sommes fait contrôler : papiers d'identité, profession.

— Qu'est-ce que vous venez faire à Monaco mesdemoiselles ? Vous venez rencontrer des hommes ?

— Non, monsieur l'agent, nous venons dîner.

Même si c'était vrai, nous avions toujours droit au regard suspect et à la petite phrase en partant :

— Qu'on ne vous retrouve pas dans un hôtel.

Je n'ai jamais travaillé en duo avec Sandra, mon expérience avec Coralie m'a refroidie. Cependant, comme deux amies, nous partageons notre temps libre, plage, shopping, restaurant, discussions sur le monde, les hommes, la politique, comme n'importe quelle femme, ce que nous sommes.

Je me prostitue depuis plus d'un an et demi et suis à présent une experte en sexe. Les demandes et les attentes des hommes n'ont plus de secret pour moi, que je les réalise ou non. J'ai maintenant une vision globale de la sexualité. Je sais dans quoi j'excelle, je me suis découvert des talents et je sais comment combler le désir de chacun tout en prenant du plaisir. Néanmoins, comme pour les femmes, je me rends compte que chaque homme a des envies et des sensibilités qui diffèrent, mais que son côté féminin n'est jamais très loin :

« Lèche-moi les tétons. Mordille-les, fais-les rouler entre tes doigts et pince-les doucement. Hummmm oui, oh oui, hummm, encore ne t'arrête pas, continue, oh ouiiiiiii ».

Ce n'est pas très viril d'avoir un homme qui gémit comme une fillette en se faisant lécher les tétons. Je ne savais pas que cela pouvait procurer autant de plaisir chez le sexe opposé. Je connais la sensibilité de ma poitrine, mais j'ignorais qu'elle pouvait être décuplée chez un homme, au point de n'avoir envie de rien d'autre.

« Je déteste me faire sucer ».

Ah oui ? Ça existe des hommes qui n'aiment pas se faire sucer ? Grande découverte. Mais c'est une espèce rare, je n'ai rencontré que deux spécimens dans ce style. Peut-être s'étaient-ils fait mordre auparavant ! Si mon amoureux n'aimait pas cette entrée en matière, je crois que je serais malheureuse. C'est un peu comme avoir un cornet de glace dans la main et le regarder fondre. Si j'avais su, j'aurais pris un petit pot !

« Tire-moi les boules. Plus fort ! »

Aïe ! Non ? Tout comme ces pratiques avec des pinces à linge sur les mamelons ou sur le clitoris. Mais, aïe ! Je ne sais pas à quel moment la douleur devient plaisir. Prenons la fessée, par exemple, moi j'aime cela. La recevoir, pas la donner ! Toutefois, toutes les fessées ne sont pas agréables, il y a une vraie technique, la position de la main, l'énergie, l'intensité, la fréquence et la poésie qui va avec. Mais, peut-être que les particularités sexuelles sont comme les spécificités gastronomiques, car quand tu vois un escargot, une huître ou un oursin, ce n'est pas très ragoûtant, en revanche il suffit de goûter...

« Tu peux me caresser les cheveux quand je te lèche ? »

Oh un doudou ! Que tu as le poil soyeux ! Est-ce que je peux sucer mon pouce en même temps et tortiller tes mèches entre mes doigts ? Personnellement, je préfère quand on me les tire, les cheveux, mais il paraît que cela ne se dit pas.

« Tu peux descendre, plus, encore plus bas ? »

Tu veux que je te lèche la raie et que je mette un doigt dedans, est-ce exact ? Tous ceux qui ont essayé, ont aimé, ont recommencé et nombreux sont ceux qui ne disent mot, mais qui au moment de la fellation lèvent leurs fesses pour lancer un appel.

Je ne l'ai jamais fait, à personne, ni dans le pro ni dans le perso, jamais de langue ni de doigt, pas de caresse ou massage plus bas que la naissance des fesses. Je ne dis pas «fontaine», mais en effet, on peut être *escort* et assez chaste, pas vraiment frigide, un brin cochonne, mais pas complètement sans tabou!

«Bonjour, Mathilde, je me présente, je suis Alex, 44 ans, 180/80, châtain, les yeux bleus, marié, cadre dynamique. Hétéroflexible, mon désir se porte sur l'inversion des rôles, avec port de gode ceinture. Habitué du milieu libertin et à ce que madame porte la ceinture, je cherche une complice pour nous accompagner. Si la présence de madame est un frein, je suis à la recherche de deux complices pour la remplacer.»

Hétéroflexible? Je crois que c'est la même chose que flexitarien! Et quand tu cherches sur Google, la première définition est : être flexitarien, c'est ne se passer de rien.

Je trouve cela séduisant. Mais concernant l'inversion des rôles, je sèche. L'image ne m'excite pas, mais ne me dégoûte pas non plus. Je préfère les mâles dominants, c'est indéniable. Je suis trop réfractaire à l'autorité dans la vie, étant moi-même autoritaire et exigeante. Alors au lit, j'ai besoin que l'on me canalise, pour trouver un juste équilibre.

«J'aime qu'une femme me donne des ordres. Vous pourriez me forcer à faire votre ménage et me punir en me marchant dessus en talons aiguilles si je n'obéis pas correctement.»

Marcher en talons aiguilles sur du bitume, ce n'est déjà pas très naturel ni évident, cela demande un peu d'entraînement, alors sur un corps humain, sans avoir pris option équilibriste au bac, cela me paraît bien trop dangereux!

— Vous acceptez les éjaculations faciales et buccales?

— Avant de vous répondre, j'ai une question. Qu'est-ce qui vous attire dans ces pratiques ?

— Je pense que ce sont les films pornos.

— Vous êtes acteur ?

— Non !

— Eh bien, moi non plus, je ne suis pas actrice...

J'ai aussi appris à composer avec les corps, les morphologies, les différences et l'injustice de Dame nature.

« Nous nous sommes eus au téléphone tout à l'heure. Je voulais t'apporter une précision. J'affectionne particulièrement les préliminaires, m'occuper de ma partenaire, cunni, doigter, massage clitoridien, car je ne suis pas monté comme un dieu ! C'est plutôt tout l'inverse, avec en plus beaucoup de précocité, je ne suis pas un marathonien. »

C'est un peu le jackpot perdant ! La précocité, cela se maîtrise. En revanche, est-ce que la taille compte ? Parce que là, il n'y a rien à faire. Je crois que oui, un peu quand même, parce que même si un micropénis arrive à te satisfaire en jouant avec l'excitation et que certaines positions favorisent le plaisir clitoridien, il manque quelque chose. J'ai déjà eu des amants dans ce cas de figure, le problème est que je n'ai jamais aimé sucer mon pouce... !

J'ai plus souvent eu affaire à des verges de taille moyenne qu'aux extrêmes, mais il y a une tendance commune à toutes, la coupe à zéro. Un corps imberbe réduit les risques d'odeurs et limite les pertes de poils en bouche.

Et les grosses alors ? Celles pour qui Skin a inventé les capotes « King Size » ! Ils sont forts les mecs à la com', je les imagine en réunion devant un *paperboard* faisant des dessins et des associations de mots pour trouver la dénomination commerciale du produit. Mais, est-ce que ceux que l'on nomme les «TBM», les Très Bien Montés sont garantis 100 % orgasme ? Est-ce vraiment un gage de satisfaction ? Une jouissance instantanée et décuplée par un membre aux dimensions gargantuesques ? Cela serait trop simple et beau si je disais oui. Mais non, comme dit plus haut, la taille compte, mais point trop n'en faut !

— Mathilde, pour être *escort*, il faut aimer le cul ?

— Mais, pour être détendu dans la vie, il faut aimer le cul ! Et aussi pour être heureux en couple, surtout si tu n'aimes pas cuisiner !

Je suis souvent comme une sexologue lors des conversations avec mes copines et mes copains, mais j'ai la connaissance du terrain, pas des bouquins.

— Mathilde, comment fais-tu ? Avec mon cœur d'artichaut, je suis certaine que je tomberais amoureuse à chaque rendez-vous ou presque !

— Je pense, Aurore, que l'argent entre nous nous permet de ne pas dépasser les limites. C'est une sorte de garantie. Ils me paient pour que je les aime le temps d'une heure, mais quand le temps est écoulé, le carrosse se transforme en citrouille. Et mon téléphone sonne du lundi au jeudi essentiellement, à partir du vendredi, ils sont avec madame.

— Tu penses que tous les hommes sont infidèles ?

— Je sais que 80 % de mes clients sont en couple.

— Oui, enfin, vous aussi mesdemoiselles vous êtes infidèles ! J'ai plus d'une maîtresse qui est mariée !

— Mais toi, Élie, c'est parce que tu es un tombeur, aucune femme ne te résiste. Et puis, tu es un baiseur, ça se sent ! Et comme la majorité des mecs n'arrivent pas à nous faire jouir, on voit en toi un espoir !

— Ah, Mathilde ! Tu sais, mon chou, que je t'aime et comme c'est fabuleux d'avoir une copine *escort* ! Je devrais en profiter plus souvent !

— Quand on se voit, je suis en congé !

Comme il y a toujours une exception aux règles, mon laïus sur les distances entre les *escorts* et les clients ne tient plus lorsque Sandra me téléphone.

— Mathilde, Fred vient de m'offrir une bague et m'a fait sa demande.

— Fred, ton client d'Aix-en-Provence ?

— Oui, il me propose de venir m'installer chez lui. Cela fait plus d'une année que nous nous voyons, et ces derniers mois les choses étaient un peu différentes entre nous. Je ressentais le manque, l'impatience de le retrouver, j'ai décidé d'accepter.

— *Mazal tov*, Pretty Woman !

Nous gardons contact, son nouveau statut de jeune fiancée ne me rend pas infréquentable. Quand je descends à Nice, nous déjeunons ensemble. Je fais une halte à Aix-en-Provence, la retrouve dans sa nouvelle résidence et la charrie sur l'indécence de l'énorme diamant qui se trouve dorénavant à son doigt.

Jusqu'à présent, je n'ai jamais eu de coup de cœur pour un client. J'en ai trouvé des très sexy, intéressants, certains que j'aurais pu draguer dans ma vie de tous les jours ou d'autres que j'ai revus, juste pour le plaisir.

J'ai pour exemple Chris, un Niçois à peine plus âgé que moi qui, depuis que nous nous sommes rencontrés, me fait parvenir quotidiennement des messages pour prendre de mes nouvelles, me souhaiter une belle journée ou une douce nuit. Il a le CV parfait du petit ami idéal et sa façon de me plaquer contre le mur quand il arrive dans l'appartement m'extasie. Quand tu rencontres un homme avec lequel il y a une osmose sexuelle parfaite, les orgasmes ont plus de valeur que les euros. Pour profiter de sa virilité à ma guise, je ne lui imprime plus l'addition, mais n'attends rien de lui, son statut d'amant est tout ce que j'ai envie de lui offrir. Il semble parfait, mais je veux être libre.

Il y a eu Stan aussi qui, au moment de partir, m'a dit :

« Mathilda, on ne va pas faire semblant, on ne se dit pas à bientôt, on sait très bien que l'on ne se reverra jamais. »

J'avais passé une soirée exceptionnelle. Le jeune homme était génial, brillant, drôle, beau garçon, bon amant avec une belle situation, et libre de tout engagement d'après ses dires. J'ai eu l'impression de me faire larguer, nous avions été dans la séduction tout au long de la soirée. J'avais envie de le revoir dans un autre contexte et je l'ai vécu comme une petite déception amoureuse, qui n'a duré qu'un quart d'heure, le temps du trajet retour, mais quand même.

Il y en a aussi dont le mode de vie m'a laissée rêveuse :

« Moi, Mathilda, je ne suis pas riche, je suis richissime. »

Laisse-moi un Tip! Non? Les plus aisés ne sont pas les plus généreux. J'aime que l'on m'offre une rose, un bouquet c'est trop, ça n'a pas sa place. Une rose, c'est élégant, sexy, suggestif presque coquin. Eh oui, il y a des hommes qui, de leur initiative, se rendent chez un fleuriste pour m'acheter des fleurs. Incroyable, j'en ai reçu plus de la part de mes clients que de mes amoureux. Des cadeaux également, des coffrets avec des produits de beauté, des bons d'achat pour profiter de soins ou des boîtes de chocolats, car :

« Je ne trouve pas cela élégant de te donner l'argent de la main à la main, je préfère les jolies boîtes. »

Mais est-ce que ces hommes attentionnés le sont aussi avec leurs épouses ?

«Mathilda, ce qu'il se passe entre nous n'est ni une insulte ni un manque de respect à ma femme, j'ai simplement besoin de m'évader de mon quotidien et de mes habitudes. C'est une dose de jeunesse et de fraîcheur que je m'injecte, un sérum contre la lassitude. Et puis, je vais être très honnête, je suis las de quémander un peu d'affection. J'imagine que mon épouse est lucide et qu'elle accepte mes pseudos infidélités, car cela lui convient parfaitement de déléguer les devoirs conjugaux. »

Certaines de mes consœurs pensent que nous devrions être remboursées par la sécurité sociale, pour le bien des couples, en alternative à la thérapie. Je pense plutôt que nous sommes comme la chirurgie esthétique, un traitement de confort, non pas un antibiotique pour guérir une maladie.

Normalement, on dit : «No zob in job», mais pour moi cette règle ne compte pas, alors je ne m'interdis jamais rien lors de mes rencontres. Un client pourrait très bien devenir un amoureux, mais est-ce qu'une *escort* peut réellement devenir une amoureuse ?

Plusieurs d'entre eux me l'ont proposé, mais j'ai eu le sentiment qu'ils voulaient m'acheter. Et je ne suis pas de celles qui acceptent de «bien se marier», je crois trop en moi et en l'amour pour cela. D'autres semblaient vraiment sincères et attachés, mais s'ils m'avaient rencontrée dans un autre contexte se seraient-ils intéressés à ma personne ? Dans ce cadre, je représente la femme libre, indépendante, décomplexée, je ne suis qu'un fantasme, un idéal féminin dont on rêve, mais qui dans la vie de tous les jours effraie la plupart des hommes.

14. Comme une sportive pro

En janvier 2014, je suis dans mon appartement loué pour un mois à Nice. En pleine journée, la ville est plongée dans le noir, une tempête arrive depuis la mer. Les vagues de plusieurs mètres de haut viennent s'abattre sur la Promenade des Anglais. J'observe depuis ma fenêtre les palmiers qui tentent de résister face à la puissance du vent, les rues sont désertes. Je suis là depuis trois jours et mon téléphone ne sonne pas, je tourne en rond, fais le point sur ma vie. Où en suis-je ? Cela fait seize mois que j'ai quitté mon poste au journal et presque deux ans que je vis des rencontres. Je me mens à moi-même en me disant que je fais cela pour économiser, monter un business. Je n'ai pas de projet ni de but. Chaque euro gagné, je le dépense : le coiffeur, les extensions, les faux ongles, l'esthéticienne, les sacs à main et les chaussures. Je suis devenue superficielle, suis toujours très apprêtée et fréquente exclusivement les endroits branchés. Je voyage un peu et profite beaucoup de la vie sans me soucier du lendemain. Je fais la fête, pars souvent à Paris où je me suis fait de nouvelles amies que Élie m'a présentées. Des filles qui, quand elles sont de sortie, se font payer si le jeune homme veut terminer la soirée en leur compagnie. Elles n'ont pas d'annonces, ne vivent pas de cela, mais arrondissent leurs fins de mois quand l'occasion se présente.

Je n'ai pas vu ces deux années passer. Le temps défile à toute vitesse et je n'ai quasiment pas d'amants personnels ni l'ombre d'un amoureux. Mon mode de vie n'est pas compatible avec une relation de couple. Et le sexe et l'argent ne se substituent pas à l'amour et à l'affection. Cette vie de rentière fêtarde et sans attache ne me comble plus.

J'affronte la tempête niçoise pour me rendre chez un coiffeur en bas de chez moi. J'entre avec le blond de Maryline Monroe, en sors avec le brun de Carla Bruni. On dit que lorsqu'une femme change de couleur de cheveux, c'est pour changer de vie, je n'échappe pas à ce stéréotype. Je fais ma valise dans la foulée et, sous une pluie battante, je remonte à Lyon. Je fais le point sur l'argent que j'ai de côté, sur le montant de mes frais fixes et sur ce dont j'ai réellement besoin pour vivre. Si je conserve quelques habitués, je peux m'en sortir. Si je trouve un travail pas trop mal payé, je peux arrêter. Je mets à jour mon CV et suis déterminée à trouver une petite mission en intérim pour me remettre dans le bain de la réalité en douceur, mais en ayant comme objectif d'intégrer un projet ambitieux dans un avenir proche et de faire une place à l'amour. Je laisse en ligne mon annonce, mais ne réponds plus aux demandes de rendez-vous, je perds l'envie des rencontres éphémères. C'est le passage des 30 ans, les grandes remises en question des décennies. À mon retour à Lyon, je passe chez Élie, sans prendre le temps de défaire ma valise.

— Mathilde, on a la vie que l'on veut et on est seul face à soi-même. Personne ne fera les choses à ta place, mon chou, et tu es seule décisionnaire de tes actes.

— Je sais, Élie. Quand nous sommes rentrés de Londres, il y a plus d'un an, je me souviens exactement de ce que tu m'avais dit : « Il existe des filles bien plus trash que toi et elles ne se font même pas payer pour cela. Je le sais, je les baise ! Tu n'as pas de honte à avoir, tout le monde ne peut pas le comprendre, l'entendre, mais c'est utopique d'imaginer qu'il n'y a que des filles contraintes et de gros vicieux dans ce domaine. C'est peut-être même une chance pour toi, cela peut t'ouvrir des portes, te rendre plus forte, mais n'oublie pas que tu es comme une sportive de haut niveau, ta carrière est courte, tu dois préparer l'après, penser à l'avenir. »

— C'est vrai que j'en ai baisé des sacrément cochonnes !

— Élie ! C'est la seule chose que tu retiens !

— Mon chou, tu es une femme intelligente, je ne m'inquiète pas pour toi.

Comme une sportive professionnelle, il est temps que j'envisage le futur. Mon horloge biologique m'indique que la jeunesse éternelle n'existe que dans les films, que je ne suis pas Julia Roberts et qu'il est peu probable que je rencontre Richard Gere. J'ai reçu un message de Sandra, son conte de fées a pris fin, comme souvent dans la vie. Elle a conservé le diamant, mais a vu ses rêves s'envoler.

Vivre sans but, sans objectif ni projet n'est plaisant qu'un temps. Ma soif d'entreprendre n'est plus comblée par le parcours et les histoires de business que me racontent les hommes. J'ai eu la chance de rencontrer de grands entrepreneurs, des messieurs qui, lors de nos rendez-vous tombent le costume, parlent sans filtre ou discours au préalable écrits par un tiers. Je me suis passionnée d'eux, ils m'ont fait grandir, m'ont transmis un peu de leur savoir, de leurs pensées : «Si tu ne sais pas où tu veux aller, comment savoir quel chemin emprunter ? Avoir des objectifs, c'est essentiel. »

J'ambitionne d'être heureuse. Il paraît que c'est facile comme réponse et que cela ne veut rien dire : «Qu'est-ce qui te rend heureuse ? »

Je jette un œil sur mes messages et reçois une demande de prestations d'un homme qui tente de me rencontrer depuis plusieurs mois, il m'envoie régulièrement des SMS : «Bonjour, je suis Franck, 42 ans, Français caucasien, brun, yeux marron, 1m73, assez mince, 63 kg et sportif. Je peux vous recevoir chez moi à Chaponnay, à 15 km de Lyon, merci, au plaisir de vous lire, bise. »

J'accepte, car la transition de ma vie est en cours, mon cheminement débute. Je n'ai pas encore de proposition de mission de la part des agences d'intérim et je dois anticiper financièrement l'avenir.

Nous avons rendez-vous à 19 h 30. Sur le trajet, je reçois un premier message.

— Tu veux prendre une douche ?

— Non, j'en sors, mais si tu souhaites que l'on en prenne une ensemble, pas de problème.

Je n'aime pas cela, les douches c'est très érotique, sensuel, il faut se mettre nue. Je n'ai plus de guêpière ni de bas, plus d'artifices, je suis vulnérable. Je ne suis pas Mathilda, je suis Mathilde, et je n'ai pas envie d'être Mathilde à chaque rencontre. Certaines sont insipides, à certains hommes je n'offre pas de baisers langoureux ni de préliminaires gourmands, juste une levrette agrémentée de gémissements mal joués.

— C'est comme tu veux, la mienne date de ce matin 7 h 30. C'est pour savoir si je fais chauffer la salle de bain.

Mais où est-ce que je vais tomber ? Comment peux-tu faire venir une *escort* et ne pas prendre de douche ? Normalement, je suis un cadeau, le festin des soirs de Noël et tout le décor doit correspondre à ce petit instant que l'on s'offre et que l'on déguste de manière presque exclusive. Comment peux-tu prévoir d'avoir une relation intime sans être parfaitement *clean* ?

— Je t'invite à te rafraîchir, depuis 7 h 30 ce matin... J'arrive dans 15 minutes, profites-en.

— Ensemble alors ?

— Sinon, tu en profites le temps que j'arrive.

— Tu préfères que je me rafraîchisse avant ou avec toi ?

Je ne réponds pas, que ne comprend-il pas dans : « Tu en profites avant que j'arrive » ? Je sais ce qu'il attend de moi, mais je ne m'avance pas. Si, lors de notre contrat moral pendant l'échange téléphonique, un homme ne formule pas un souhait de prestation, je ne suis tenue de rien et s'il me met au pied du mur, je saurai m'en sortir. C'est toujours mauvais signe de recevoir une multitude de messages avant mon arrivée. Un gentleman ne fait pas cela, il valide notre accord par téléphone, tout est dit et clair. Il m'envoie un message quelques heures avant notre rencontre pour s'assurer que je ne lui fais pas faux bon, puis il patiente, se languit, se prépare et se fait beau. Il ne me harcèle pas de questions à la con.

— Tu veux que je sois propre ?

Non, je préfère si tu pues la pisse.

Déjà peu enthousiaste ces dernières semaines à l'idée de faire des rencontres, j'arrive tendue à l'adresse indiquée. C'est un lotissement. Des murs en crépis jaune et un portail en bois délabré entourent la maison en duplex. Je passe la tête au-dessus du portail, il est derrière la porte-fenêtre. À côté de lui se trouve un gros chien aux poils longs.

— Ne t'inquiète pas, elle n'est pas méchante.

Si, justement, je m'inquiète. Tout ce que je déteste est réuni en un seul rendez-vous. J'accorde peu d'intérêt au physique des hommes, jusqu'à un point. S'il y a une chose qui est rédhibitoire pour moi, ce sont les dents, les chicots pourris me révulsent. Lui a un cendrier dans la bouche en plus d'un corps de petit *geek* tout maigre. Il porte un jean trop large, une veste de jogging en coton et des charentaises à carreaux trouées. Il m'accueille en pantoufles trouées, je trouve cela scandaleux ! La séduction ne se fait pas que dans un sens lors de ces rendez-vous, et s'il me reçoit d'une manière aussi négligée, il ne doit pas beaucoup me considérer.

J'entre dans la maison, il fait sortir le chien, je lui dis que j'en ai peur. La pièce est grande, mais le sol est recouvert de poils, de traces de pattes, l'odeur est nauséabonde et il y a du bazar partout. Un tas de vêtements traîne sur chaque chaise et fauteuil, il y a des bibelots poussiéreux sur chaque meuble et des papiers jonchent les différents buffets. Chez moi, c'est très épuré, j'aime le côté « maison témoin ». Chaque chose à une place, chaque coussin est correctement aligné, rien ne traîne. Vivre dans une multitude de bric-à-brac, je trouve cela angoissant.

Je passe instantanément en mode *acting*, et même s'il est plutôt avenant et sympathique, je n'ai pas envie de m'intéresser à lui, et j'ai du mal à faire semblant. Le manque de prestige des lieux me rappelle que tout n'est pas que paillettes. Il m'offre un café, je lui demande de m'en servir un long, pour faire passer le temps. Il n'a pas pris de douche, ne sachant pas si je voulais la prendre avec lui. J'esquive et l'invite à le faire le temps de mon café. Il me demande de l'accompagner dans la salle de bain pour discuter, il m'a déjà payée et veut seulement me surveiller, je le sais. Nous montons à l'étage, il y a trois chambres d'enfants.

— Tu es sûre, tu ne veux pas te doucher avec moi ? Il y a la baignoire ou la douche qui est petite, mais nous serons serrés et si tu viens avec moi tu pourras t'assurer que je suis propre. En revanche, si tu ne m'accompagnes pas tu vas pouvoir m'observer tout nu pendant que je me savonne.

Je ne le regarde pas. Le voir à poil ne m'intéresse pas, je suis dans l'émission *C'est du propre*. La salle de bain est aussi encombrée que les autres pièces de la maison, il y a des produits partout. Il se lave en me faisant part de banalités, je ne l'écoute pas, j'esquisse des : « Hum hum, oui, oui ». La chambre parentale se trouve au rez-de-chaussée. Les hommes mariés qui me convient chez eux ont la décence de ne pas m'inviter dans le lit de madame, mais sur le canapé. Lui m'entraîne dans la pièce conjugale. À l'image du reste de la maison, les culottes de sa femme traînent au sol, les vêtements sont en tas de tous les côtés, les tables de chevet sont recouvertes d'un centimètre de poussière, et sur la porte du dressing est collé avec de la Patafix un poster *OK Podium* de Patrick Bruel. Ce doit être un stimulus pour son épouse, à cet instant, je la comprends : « Patrickkkkk, viens me sauver ! »

Il commence à m'embrasser, je pince mes lèvres. Il tente de rentrer sa langue de force dans ma bouche, je ne le laisse pas faire, je serre encore plus fort mes lèvres. Il sent le tabac froid, l'alcool et a dû picoler pour se détendre avant mon arrivée. Il

14. Comme une sportive pro

aurait mieux fait de se laver et de ranger ou d'offrir une femme de ménage à son épouse à la place de se payer une *escort*. Il me demande d'ôter mes bas, il préfère le contact de la peau. Non, je n'ai pas envie de me mettre nue sur ce lit, d'être contre lui, je peux m'accommoder d'une levrette, mais pas d'un corps à corps. Je le fais quand même, je ne peux pas tout lui refuser. Cela fait partie des inconvénients, parfois l'homme me déplaît. J'aurais pu repartir quand je suis arrivée, mais comme dans n'importe quelle activité, il y a quelquefois où il faut prendre sur soi. Une infirmière n'aime pas pratiquer tous les soins, une cuisinière n'apprécie pas tous les plats qu'elle confectionne et une secrétaire n'a pas envie de se lever chaque matin pour supporter ses collègues et voir la tête de son patron.

Il me réclame un 69, je sais que j'ai une carte à jouer. Une bonne fellation ce n'est que de la technique comme une recette de cuisine. En premier lieu, lécher la verge de bas en haut pour l'humidifier et attiser le désir. En deuxième temps, insérer le gland puis le membre entier dans la cavité buccale. Exercer des mouvements de va-et-vient plutôt lents en apposant les lèvres. Ajouter une main qui vient branler de haut en bas, mais également de manière circulaire tout en poursuivant l'introduction buccale. Parsemer le tout de quelques coups de langue en variant la cadence : lents, rapides. Serrer la verge plus ou moins fort. Casser le rythme pour accentuer le pic de plaisir. Ne pas laisser s'installer une lassitude, c'est l'ingrédient principal pour que cette recette soit réussie. Puis, pour terminer, avec la seconde main malaxer les testicules. Cela demande en effet une certaine coordination et dextérité des mouvements, il faut en même temps se servir de sa bouche, de ses lèvres, de sa langue et de ses deux mains. Pas évident sans entraînement, je vous l'accorde ! Mais, en moins de trois minutes, il me demande d'arrêter. Il tente de se contrôler, sert son gland entre ses doigts, mais n'arrive pas à s'empêcher d'éjaculer.

Il est gêné et s'excuse : « J'étais trop excité. »

C'est fait pour.

Il y a des règles dans mon domaine, une éjaculation par heure de rendez-vous, sinon il faut payer un supplément, nous appelons cela un *extra ball*. Par conséquent, ma prestation physique est terminée. Je ne suis en rien responsable de son éjaculation précoce et de son manque de *self-control*. Je doute qu'il ait connaissance de la convention collective des prostituées, mais nul n'est censé ignorer les lois, même si elles n'existent pas vraiment.

Il monte se doucher, j'en profite pour me rhabiller intégralement. Il reste encore trente minutes au compteur, mon objectif maintenant est de le faire parler, dans vingt minutes je pourrai partir. Je n'ai pas envie qu'il aborde le sujet d'un second round, même avec un supplément, je n'ai pas envie de l'effectuer. Il revient en peignoir, étonné que je me sois déjà revêtue. Je sais que les maîtres sont passionnés par leurs animaux, alors j'enclenche le sujet du chien, la race, les croquettes. Il me fait l'historique des compagnons de la famille, même des morts. La montre tourne et pour sonner le gong de fin :

— Tu vas faire quoi après ?

— C'est déjà l'heure ? C'est dommage, nous avons passé tout le temps à discuter.

C'en était déjà trop pour moi. Mes vêtements sont recouverts de poils et je pue le chien mouillé. Je mets tout à la machine et file sous la douche en arrivant à la maison. Il n'a pas été méchant avec moi, il a même été conciliant. Je l'ai presque volé en lui proposant une prestation aussi médiocre. Je m'en veux, mais je me dis que je suis arrivée au bout de l'expérience.

15. Champagne !

En avril 2014, quelques jours avant mes 30 ans et après deux années de prostitution, je supprime mon annonce en ligne et jette la puce de mon téléphone professionnel. Sans un mot, sans au revoir ni adieu. Mes clients habitués ont certainement dû entendre un jour : le numéro que vous avez composé n'est plus attribué. Pour ceux qui ont mes coordonnées personnelles et avec qui j'ai développé des liens amicaux, nous ne rompons pas le contact, ma « retraite » ne met pas fin à nos bons rapports.

Je décroche une mission de trois mois pour une plateforme en ligne d'offres d'emplois. Je travaille avec quatre commerciaux de terrain, pour qui je fais devis, factures, suivis clients, vérifications de la bonne conformité des annonces.

— Allo, ma petite maman, je travaille lundi !

— Tu travailles lundi ?

— Oui, j'ai trouvé une mission en intérim.

— Voilà une bonne nouvelle ma fille, même si j'aurais préféré un CDI, mais au bout de deux ans à ne rien faire, je pense que je vais m'en contenter.

— Tu cherches un CDI ?

— Arrête tes bêtises, tu sais très bien ce que je veux dire. En tout cas, cela me fait un souci en moins, ce n'est pas une vie de ne rien faire.

— Mais je ne fais pas rien, je vis, et vivre ma petite maman, ça prend du temps !

J'arrive dans cet *open space* à Vaise, complètement perchée, déphasée et décalée. Je passe de prostituée à assistante commerciale en l'espace d'un mois. Même si j'ai plus souvent travaillé dans un bureau que sur un « trottoir », cette parenthèse de deux années n'est pas anodine. Je ne suis plus la même personne, je n'obéis plus aux règles. Je me sens comme une starlette contrainte de reprendre une activité après avoir échoué dans le milieu du show-business. Cependant, j'ai développé une grande faculté d'adaptation. J'assimile vite et suis rapidement efficace dans les missions que l'on me confie. Je les effectue avec professionnalisme, mais ma manière d'être, mon exubérance et mon « je m'en foutisme » apparent décontenancent mes collègues. Je suis devenue une extra-terrestre face au monde du travail, ne suis pas une employée modèle et réservée qui tente de bien se faire voir pour obtenir un CDI. Je suis en transition, j'essaie de me réadapter, de reprendre un rythme de vie, d'avoir des contraintes, des horaires de bureau, de préparer un Tupperware et de manger dans la petite cuisine avec les collaborateurs à la vie bien rangée. Je suis le boute-en-train, la mauvaise élève qui arrive perchée sur des Louboutin de 12 cm de talon et qui contredit le directeur commercial sans retenue. Mes supérieurs comprennent que je suis sans filtre et s'en servent pour me transférer tous les appels des clients mécontents.

« Monsieur Dumont, vous tenez pour responsable notre plate-forme du manque de candidats à votre annonce. Vous tentez de recruter un ingénieur mécanique bac+4, trilingue allemand anglais pour travailler à l'export. Vous offrez un statut d'employé et un salaire à 30K annuels. En toute objectivité, ne pensez-vous pas, monsieur Dumont, que le manque de candidats est dû à la médiocrité de l'offre et aux conditions de travail ? »

Monsieur Dumont devient mon meilleur ami le temps de ma mission, et même s'il est toujours mécontent, il me fait passer toutes ses offres d'emplois en améliorant parfois les termes du contrat.

Je prends plaisir à me lever chaque matin. C'est mon nouveau terrain de jeux, j'ai un bureau, des Post-it, une chaise à roulettes, un double écran d'ordinateur et un casque micro pour passer les appels. Je m'amuse, mais je refuse la proposition d'embauche à l'issue de la mission.

— Mais, pourquoi ?

— Je suis là depuis trois mois, j'ai fait le tour, je m'ennuie. Des devis, des annonces, c'était sympa de vous rencontrer, mais j'ai envie d'autre chose.

J'échoue presque lamentablement dans cette tentative de réinsertion. Mais, je pense que chaque étape dans la vie nous mène à quelque chose ou à quelqu'un. Je sors de cette mission intérimaire riche d'une nouvelle amie, Cécile de Florançon, issue de la noblesse parisienne. Elle vouvoie sa grand-mère et s'adresse à elle en employant le terme « bonne maman ». Elle a grandi dans des hôtels particuliers et son père la conduisait à l'école en Ferrari. Notre parcours de vie est diamétralement opposé, mais nous partageons des valeurs plus importantes

15. Champagne!

que cela, l'ouverture d'esprit et la curiosité nous animent. Un jour, elle me demande :

— Avant de travailler ici, tu faisais quoi ? Parce que tu as une personnalité atypique, tu en as conscience, Mathilde ? Tu n'es pas comme tout le monde !

— Escort.

— Ah oui ? Lorsque nous avions 10-12 ans, papa nous a emmenées, ma sœur et moi, rue Saint-Denis à Paris. C'était en plein après-midi. Nous avons déambulé sur le trottoir et il nous a expliqué ce qu'était la prostitution. Il nous a dit de toujours respecter ces femmes et que le monde tournerait encore plus mal si elles n'étaient là. Qu'il ne nous souhaitait pas cela comme avenir, mais que les courtisanes ont toujours fait partie de la cour.

— Je ne suis pas née à la bonne époque, ma Cécile !

En juillet 2014, à l'issue de mon contrat d'intérimaire, un ami d'Élie m'informe qu'un bar-restaurant d'ambiance est à la recherche de filles pour animer l'établissement.

— Un bar à champagne ?

— Ce n'est pas un bar à champagne classique. C'est un restaurant avec de la cuisine faite maison. Les mecs du BTP viennent y déjeuner, il y a aussi des flics, des politiques. Ils se retrouvent pour signer des contrats, faire plaisir à des clients. Le soir, il y a des soirées à thèmes et les filles mettent l'ambiance, dansent, chantent, mais il n'y a pas de sexe.

Je me présente parce qu'être payée pour faire la fête, c'est comme être client mystère pour les hôtels de luxe, c'est alléchant. Je suis loin de l'objectif que je me suis fixé en début d'année, reprendre une carrière et évoluer, mais chaque chose en son temps.

Il est 15 h quand j'arrive dans cette rue discrète de Villeurbanne. Une dizaine de clients sont en terrasse, quatre jeunes femmes discutent avec eux. J'entre, c'est un charmant restaurant sans prétention, mais chaleureux. La tenancière est derrière le bar, une rousse flamboyante, cinquantenaire, coupe de champagne à la main et décolleté plongeant sur sa voluptueuse poitrine. Elle m'offre un accueil convivial et me tend une flûte pleine de bulles. Une quinzaine de clients à l'intérieur terminent de déjeuner en discutant, rigolant en compagnie de cinq filles vêtues en robe d'été. C'est rassurant, je suis déjà allée boire un verre avec des copains dans un bar à champagne, les demoiselles étaient toutes en lingerie et l'ambiance y était glauque. Ici, ce n'est pas le cas. Laurence, la tenancière, m'invite à la suivre dans l'arrière-salle équipée de boules à facettes, d'un système vidéo et hifi, de micros pour les soirées karaoké et d'un bar faisant toute la longueur de la pièce.

« Ici, c'est simple Mathilde, on fait la fête. L'essentiel des clients sont des habitués, des amis. Ils viennent se divertir, décompresser et ils aiment être accompagnés de filles sympas. Tu aimes faire la fête, tu tiens l'alcool, tu as envie d'être payée pour cela ? Je te fais un contrat d'extra comme serveuse au SMIC horaire, parce qu'il faudra aussi faire le service, mais tu as également une part de variable, tu touches 30 % sur ce que tu consommes. Si un client t'offre une coupe de champagne, je la vends 20 euros, tu en récupères 6, idem pour les bouteilles. Tu peux venir travailler de jour ou de soirée et tu choisis tes jours de présence. As-tu envie de tenter l'aventure ? »

Discuter avec des hommes, j'ai les compétences et l'expérience nécessaire, faire la fête, j'ai un bac +4 pour cela, travailler quand je le désire, c'est exactement ce qu'il me faut. Je décide d'effectuer les horaires de journée, du lundi au vendredi. Je dois arriver à 11 h 30 pour le service du midi, et je pars quand je le souhaite en fonction de l'affluence des clients.

— Marina, j'allais t'appeler, j'ai trouvé un nouveau travail.

— On en parlait, je suis avec maman. Que vas-tu faire ?

— Serveuse dans un restaurant festif.

— Ma fille, dans restaurant et festif, où est le mot travail ?

— Dans serveuse ! Serveuse, c'est bien un travail ? Alors, autant l'exercer dans la joie et la bonne humeur, non ?

— Mais, c'est un bar à champagne ? me rétorque ma sœur Marina d'un air atterré.

— Non, c'est un restaurant. Alors il y a du champagne comme dans tous les restaurants, mais je dois faire le service et l'animation, un peu comme G.O. au Club Med.

Je commence le lendemain. Nous sommes une dizaine de filles à nous relayer, elles ont pour la plupart une vingtaine d'années, sont étudiantes ou chômeuses, de toutes origines, et toutes extrêmement sympathiques. Je suis la petite nouvelle, l'attraction de l'assemblée. Je me fais offrir des verres par tous les clients qui sont, en effet, pour la majorité des chefs d'entreprise dans le BTP. C'est une ambiance de bouchon lyonnais, nous mangeons la cuisine de maman, buvons du vin rouge, en guise d'amuse-bouche nous sont servis saucisson et pâté en croûte. Nous sommes entre copains, il y a de la drague de comptoir et des blagues graveleuses, rien d'effrayant. Mais, même si je tiens plutôt bien l'alcool, je rentre le soir chez moi un peu éméchée, je consomme plus d'une vingtaine de verres par jour. Je fais une heure de sport tous les matins pour permettre à mon corps d'évacuer et tenter de garder une certaine hygiène de vie. Au bout d'une semaine, je connais tous les habitués et chante à tue-tête avec les autres filles quand l'hymne du bar et du moment retentit : « Party girls don't get hurt, Can't feel anything, When will I learn, One, Two, Three Drink »[4].

En français : « Les filles fêtardes ne souffrent jamais, Elles sont tellement insensibles, Quand deviendrai-je comme elles.... Un, Deux, Trois verres ».

C'est comme dans *Coyote Girls*, nous faisons le show, nous nous déguisons, organisons des élections de Miss et Mister, des concours de pétanque sur la place à côté, jouons au 421 et fumons à l'intérieur. Nous sommes rémunérées à nous amuser et à diffuser une ambiance festive. Chaque homme, ou femme, parce que nous avons aussi des clientes, connaît son heure d'arrivée, mais jamais celle de son départ. C'est le genre d'établissement qui fait perdre la notion du temps. Tu peux arriver à midi et repartir à minuit, sans même t'en être rendu compte. À partir d'une certaine heure, la porte du restaurant se ferme, la tenancière tire les lourds rideaux noirs devant les vitrines, obstruant ainsi toute vision sur l'extérieur et le temps s'arrête pour que le champagne coule à flots.

Jamais aucun client ne m'a proposé de faire un « extra » et aucune des filles ne l'a évoqué. Pourtant, au regard du passant *lambda*, nous sommes classées et répertoriées comme un bar à putes. Un bar d'ambiance, c'est forcément un bar à putes.

---

4. Sia, *Chandelier*.

15. Champagne !

« Mathilde, mon chou, cet endroit va devenir mon Q.G. Les copains de Londres viennent la semaine prochaine, je sais où je vais les emmener ! »

Je me sens rapidement à mon aise dans ce restaurant, je m'amuse avec mes collègues qui semblent toutes satisfaites d'être payées pour faire la fête. Je sympathise avec les clients qui cherchent seulement à faire une parenthèse dans leur agenda souvent très rempli.

16. Une évidence

Deux semaines après mon arrivée, j'embauche en fin de matinée, prête à festoyer de nouveau. Le restaurant est encore presque vide, je suis la première des filles présente. Je suis celle qui part tôt le soir et qui arrive tôt le matin, si toutefois nous pouvons dire que midi c'est tôt le matin! Comme il est de rigueur, je salue les clients, fais la bise à ceux que je connais et me présente à ceux que je n'ai encore jamais vus. Un homme seul est assis au bar. Je m'approche de lui. Il porte une veste de costume bleu marine, très élégante et ajustée, sur une chemise blanche à petites fleurs des champs bleu-lilas, accordée à un jean foncé et à une paire de chaussures de ville couleur camel. Son crâne est rasé, son teint hâlé, ses dents sont blanches et parfaite-ment alignées. Malgré les années, cinquante certainement sont passées, son visage n'est pas marqué, son regard est à la fois froid et rieur, son sourcil gauche forme un accent circonflexe et il est pour moitié blanc. Il tire de larges bouffées sur sa cigarette tout en sirotant un verre de rosé. Il me salue poliment, sans s'attarder. Je m'installe à ses côtés, intriguée par son comportement. Il est là, seul, ne parle à personne, ne lit pas le journal et ne regarde même pas son téléphone.

— Bonjour, je m'appelle Mathilde, je peux m'asseoir avec toi ?

— Oui, je t'en prie, tu veux boire quelque chose ?

— La même chose que toi, un rosé, mais en piscine. Tu attends quelqu'un ?

— Je n'attends jamais personne, mademoiselle.

Lolo, la tenancière, m'apporte mon verre.

— Nico, je te présente Mathilde, ma nouvelle recrue. Je suis sûre que tu vas l'apprécier. Mathilde, attention, Nico n'est pas n'importe quel client, il est comme mon frère.

J'attrape mon verre pour trinquer avec lui et, dans un élan précipité, le renverse à moitié sur sa belle chemise fleurie.

— Une maladroite, ça commence bien ! Et c'est le premier verre !

Il me faut un instant pour perdre mes moyens et ne plus avoir envie de le quitter. Nous prenons plusieurs verres ensemble sans qu'il ne me dise rien de lui. Il me fait parler, s'intéresse à moi, mon parcours, ma famille, mes passions, pourquoi je travaille ici. Je n'évoque pas mon activité de ces deux dernières années, cela ne fait plus partie de ma vie. Ce n'est pas nécessaire d'aborder ce sujet avec un parfait inconnu, mais je me livre en jouant les charmeuses. Quand il quitte le restaurant, un client m'interpelle : « Tu traînes avec les flics, toi ? »

Il revient le lendemain, je suis déjà installée avec un groupe de clients. Je termine mon verre rapidement et viens m'installer à ses côtés. Je le trouve beau, charismatique, classieux et mystérieux. Après deux années à avoir fréquenté grand nombre d'hommes matures, l'âge n'est plus un problème pour moi, c'est même l'inverse, le temps rend un homme désirable.

— Est-ce que tu me lis mes droits aujourd'hui, avant de commencer ton interrogatoire comme hier ?

— Petite maligne, je note que tu t'es renseignée.

— Je n'ai pas eu besoin, l'information est venue à moi. Les gens peu fréquentables sont souvent mis à mort par ceux qui veulent leur ressembler !

— Je ne suis plus flic, je suis à la retraite.

— Si jeune ! Qu'il fait bon d'être fonctionnaire !

— Insolente !

Ancien garde du corps de personnalités, il a fait partie de la protection rapprochée de figures politiques, religieuses et de grandes stars mondiales avant de s'engager dans la police. C'est un flic de cinéma, un premier rôle dans les films d'Olivier Marchal, le genre de flic qui te donne l'impression d'être un voyou, mais qui n'accepte ni bakchich ni arrangement. Franc-maçon, amateur de pétanque, de mécanique, de bringues et de jolies femmes, surtout si elles sont africaines, ce qui ne manque pas ici. Mais à cet instant, c'est moi qu'il dévore des yeux, c'est pour moi à présent qu'il vient chaque jour prendre un verre de rosé, entre deux rendez-vous pour une organisation dont il a la présidence à Lyon.

Le surlendemain de notre rencontre, il me propose de le retrouver à la fin de mon service pour une partie de pétanque au Café de la Mairie, quai Pierre-Scize dans le 9e arrondissement de Lyon. Je le rejoins le cœur battant la chamade, je pointe magistralement, nous remportons la victoire et Cupidon a lancé sa flèche.

Il devient mon amant, mon amoureux, je vois en lui l'homme de ma vie.

— Marina, je crois que j'ai rencontré quelqu'un.

— Comment ça, ma sœur, tu crois ?

— Je crois que c'est lui. Comment nous savons que c'est lui ?

— Nous ne le savons pas, c'est une évidence !

— C'est une évidence, dans mon cœur c'est une évidence, mais il est plus âgé que moi.

— Et alors ? J'ai bien quatre ans de plus que mon mari et cela ne m'empêche pas d'être enceinte de mon deuxième enfant.

— Oui, mais là, il est bien plus âgé que moi.

— Il est mort ? Non, alors s'il est encore bien vivant, n'est-ce pas l'important ?

Un coup de foudre instantané. Nous avons vingt-cinq ans d'écart, mais je suis complètement éprise de lui. Nous vivons une histoire d'amour passionnelle et fusionnelle. Je le retrouve chaque soir, quitte mon service de plus en tôt pour être avec lui. Et j'ai du mal à supporter l'alcool au quotidien, je fais des cauchemars et mes nuits sont très agitées. Je me réveille le matin en sueur et m'étant fait assassiner trois fois au cours de la nuit. Je réduis mon nombre de vacations et vais au restaurant seulement quand il n'est pas disponible pour passer du temps avec moi. Il m'emmène aux réceptions à la préfecture, me présente à ses amis, étonnés de le voir au bras d'une blanche, lui qui affectionne tant le métissage.

— C'est plaisant de voir Nico avec une fille comme toi, tu as de la classe, de la conversation, tu n'es pas juste une bimbo avec des lentilles vertes, une perruque et un gros cul.

— C'est dérangeant, réducteur et fasciste ce que tu me dis.

— Fasciste, tout de suite ! C'est génétique ! Les blacks ont des gros culs, d'ailleurs tu es un peu africaine toi, non ? Tu dois lui faire les mêmes trucs que les noires, mais en plus tu passes à travers dans les soirées mondaines. On dirait Clothilde de Courau, cochonne, mais Clothilde de Courau !

— Florent, non pas que je sois rigide et frigide, mais une phrase sur deux que tu prononces est inappropriée.

— Je plaisante, mais comment il a fait pour te sauter, il t'a fait croire qu'il avait du fric ?

— Pourquoi, tu as vu un prix affiché sur moi ? Je suis chanceuse d'être avec lui, j'aurais pu tomber sur un homme comme toi.

Être aux bras d'un homme plus âgé donne l'autorisation à d'autres de te traiter comme une putain vénale, intéressée, à la recherche de son propre père. C'est le complexe d'Œdipe, tu as forcément des choses à régler ou une addition à faire payer.

Pour qu'un homme me plaise, il faut que je l'admire. Un cuisinier amateur capable de jouer avec les couteaux comme Christian Têtedoie, un ouvrier passionné par les constellations et connaissant le nom de chacune des étoiles ou un sportif du dimanche qui se prépare pour la SaintéLyon, je dois être subjuguée pour aimer.

Nico me fascine par son aura, sa présence. Il me domine, me canalise. Après deux années de prostitution, je ressens pour la première fois l'envie de me donner à quelqu'un, de vibrer. Je ne suis plus une prostituée qui mouille sur commande, je suis une femme qui fait l'amour parce qu'elle aime.

— Tu as les yeux qui pétillent, Mathilde.

— Je suis amoureuse, Aurore, tu te rends compte ?

— Ça arrive même aux plus réfractaires ! Il a suffi que tu baisses ta garde, mais reste vigilante, je ne vais pas t'apprendre comment sont les hommes.

Nico me fait découvrir un Lyon que je ne connais pas, qui n'est réservé qu'aux grands de la ville, que sur carton d'invitation. Il m'abandonne dans la foule, alpagué par des gens que je ne connais pas et me retrouve en compagnie de la femme du préfet qui n'a d'yeux que pour moi : « Ton amie est divine, Nicolas ».

Je suis divine, fabuleuse, presque la première dame dans ce microcosme lyonnais. Je ne suis rien ni personne, seulement « la nouvelle » dans leurs soirées en manque de potins. Je n'ai pas de carte de membre et ne suis pas dupe. Mais je me joue d'eux comme ils se jouent de moi. Si la femme du préfet savait qu'il y a six mois j'arpentais les couloirs des hôtels de Nice, je ne suis pas certaine que l'adjectif « divine » lui serait venu à l'esprit. Mais c'est très amusant de passer de ces deux extrêmes de vie à l'autre. Cela m'a toujours animée, être tout et son contraire, me réinventer, multiplier les projets, le besoin de nouveauté, de découvrir, d'apprendre et de savoir. Ne pas rester cantonnée dans un schéma classique et prédéfini. Être là où on ne m'attend pas et où moi-même je ne l'avais pas imaginé. Le plus grand des plaisirs que j'ai pris durant mes rendez-vous est de me nourrir de la connaissance des hommes. J'ai pu infiltrer leurs entreprises, leurs secteurs d'activités, leurs sciences et découvrir tellement d'environnements différents. Souvent, on me dit : « Mais, Mathilde, comment tu sais ça ? Où as-tu appris tout cela ? »

J'ai acquis des compétences et connaissances dans les chambres d'hôtel, comme une formation continue en milieu professionnel.

Un soir, avec Nico, nous discutons de l'honnêteté, de la fidélité et de la confiance.

— La confiance n'exclut pas le contrôle, me dit-il. Un soir, j'ai raccompagné ma précédente fiancée à son domicile. J'ai patienté en bas, je la trouvais un peu pressée de rentrer. Quelques instants plus tard, elle est ressortie, un homme l'attendait. Elle est montée dans sa voiture. J'ai mené une enquête et découvert que c'était une *escort*.

Encore une, je ne suis plus étonnée.

— Cela ne fait pas d'elle une mauvaise fille.

— Non, mais mon statut ne me permet pas de le cautionner. Elle faisait cela en même temps que nous étions ensemble, c'est de la trahison. Je ne souhaite à personne de découvrir que sa copine est une pute.

J'espère n'être recensée sur aucun fichier de la police, je ne veux pas devenir cette « encore une ». J'ai conscience que peu d'hommes peuvent accepter cette parenthèse de ma vie, ce libertinage moderne, ce courant sexuel que j'ai choisi d'expérimenter. Avoir trop d'amants, c'est avoir trop de pouvoir, trop de points de comparaison. Ce n'est pas humiliant pour une femme, c'est offensant pour un homme. C'est atteindre directement son instinct primaire de dominant, cela le met en position de faiblesse, donc mal à l'aise.

Les semaines passent sans qu'aucun soupçon ne vienne noircir notre idylle, mais comme le dit l'adage, les histoires d'amour finissent mal en général, et la nôtre n'y échappe pas.

La confiance n'exclut pas le contrôle, m'avait-il dit. C'est le genre de phrase qui reste gravée. J'aperçois son véhicule à plusieurs reprises garé vers le restaurant des filles. Je n'y travaille plus, je suis de nouveau en quête d'un nouvel emploi. Nico m'a donné l'opportunité de rencontrer le président d'une confédération patronale, je lui ai fait parvenir mon CV et suis dans l'attente d'un entretien, alors j'ai du temps. Un jour, je patiente plusieurs heures, cachée dans une ruelle adjacente au restaurant. Je fais partie de ces femmes, quand j'ai un doute, je le lève, élabore une stratégie, espionne et tente d'être plus maligne.

Je le vois sortir avec une de mes anciennes collègues, il entoure ses hanches de son bras et l'étreint langoureusement. Son désir pour les femmes africaines l'a rattrapé. Je suis effondrée, et en femme blessée lui écris : «Comment peux-tu me faire cela ? Qu'est-ce qu'elle te fait que je ne te fais pas ? Je croyais que tu m'aimais. »

Nous ne tenons pas les hommes par le sexe, en tout cas, cela ne suffit pas à les rendre fidèles.

Je ne lui pardonne pas, j'ai l'image de cette fille devant les yeux. Savoir c'est difficile, mais voir c'est encore pire.

Je suis une pute et serai une prostituée toute ma vie. C'est comme un tatouage incrusté en moi. Le jour de ma première passe, je suis devenue une fille de joie et, comme pour un président, c'est à vie. Mais, c'est aussi vrai pour tout. Si tu as été coiffeuse et que tu te réorientes, tu resteras toujours coiffeuse, mais tu n'exerces plus. L'emploi du mot «pute» est choc, cette dénomination irrite les oreilles et sonne comme un gros mot, une insulte.

— Ne dis pas pute, Mathilde, tu n'es pas une pute, tu es une *escort*, une courtisane.

— Oui, enfin, Cécile, je n'ai jamais vu grande différence. Mon art et moi n'avons pas besoin d'être anoblis. Je sais que dans ton univers à «particule», le titre est important, mais dans mon monde il n'y a que les valeurs qui pèsent réellement.

J'ai l'habitude des hommes infidèles, de la dissociation entre le corps et le cœur, entre le sexe et l'amour, mais dans ma vie personnelle je ne l'accepte pas, ne veux pas le voir ni le savoir. Trompe-moi un soir, enivre-toi, abandonne-toi dans les draps d'une belle inconnue, satisfais tes pulsions animales avec une fille qui est d'accord pour cela, mais n'entretiens jamais de relation, n'aie jamais de maîtresse attitrée, ne te pavane pas aux bras d'une autre et arrange-toi toujours pour que je ne découvre jamais tes infidélités. Je vis un véritable chagrin d'amour, à m'en scarifier les bras pour ne pas en venir aux poignets. Et j'apprends à mes dépens que nous ne pouvons pas tout accepter. Le pardon n'a pas sa place dans la passion. Il faut être raisonnable pour être capable de pardonner. Je ne suis pas raisonnable. Je ne l'ai jamais été.

17. La pensée positive

Octobre 2014. Il y a un an, je serais partie à Nice la fleur au fusil et l'esprit léger. Aujourd'hui, je reste dans le fond de mon canapé, avec un paquet de chips et une tablette de chocolat, le regard inerte et les cheveux gras. Je débute l'écriture d'un livre dont le titre est : *L'amour, c'est de la merde.* Puis je me dis qu'être pessimiste n'a jamais permis à quiconque d'être heureux. Il y a des personnes qui ne rencontrent jamais une seule embûche dans leur vie, pour qui tout semble facile et joliment écrit. Les femmes qui passent d'une belle histoire à une merveilleuse, d'un job passionnant à une carrière prometteuse. Et il y a les êtres comme moi qui, à chaque intersection, doivent redoubler d'efforts pour ne pas se laisser emporter par une coulée de boue et réussir coûte que coûte à ne pas sombrer dans le courant. Mais, n'est-ce pas ce qui est captivant ? Tout recommencer, se battre, prendre le contrôle de ses craintes et mettre un coup de pied dans son quotidien parce que non, l'amour ce n'est pas de la merde et la vie n'est pas pourrie. J'ai pris ce qu'il y avait à prendre, au moment où l'univers me l'a donné. J'ai vécu des moments inoubliables, des frissons si puissants qu'ils me glaçaient le sang, des battements de cœur tellement forts que ma poitrine aurait pu exploser. Ces émotions, personne ne pourra me les enlever, me les voler et me les faire oublier. Alors oui, encore une fois, je suis seule face à moi-même accompagnée de ma plus fidèle amie, la désillusion. Mais, ce n'est pas une fatalité, c'est seulement un obstacle qui n'est insurmontable que si l'on ne croit pas en soi. Il me revient souvent à l'esprit quelques vers que j'avais lus dans un recueil de poésie, au début de mon adolescence :

« Que s'écoulent les jours, les mois, les années, où que tu sois, quoi que tu fasses, quand tu croiras toucher le fond, n'oublie jamais que je suis là ».

Au fil du temps, je me suis approprié l'interprétation de ces écrits et j'ai décidé que l'auteur se parlait à lui-même. Car nous sommes nos propres faiblesses, mais surtout nous sommes notre force, et notre combativité ne peut naître que du fond de nos tripes. Demain est un autre jour, et si tu penses suffisamment fort que le meilleur est à venir, alors le destin t'entendra.

Je termine l'année 2014 en redoublant d'efforts chaque matin à la salle de sport et en effectuant quelques petites missions : commerciale pour une radio lyonnaise, assistante dans une industrie. Appliquer des processus obsolètes qui n'ont ni sens ni intérêt, mais qui ont été conçus pour rappeler aux employés qu'ils doivent suivre, tel un cheval avec ses œillères, le chemin sans jamais dévier afin de rester dans la bonne case.

— Mathilde, vous n'êtes pas au comité directionnel. Nous vous donnons des procédures à suivre, que vous les trouviez bonnes ou pas n'est pas la question. Nous attendons simplement de vous que vous les suiviez.

— Mais, si je suis force de propositions et que mon raisonnement est logique, peut-être pourriez-vous revoir ces procédures et les faire évoluer, pour le bien de votre entreprise et de vos employés ?

— Si nous voulions un audit, nous aurions fait appel à un professionnel. Vous êtes assistante et, je vous le redis, Mathilde, vous n'êtes pas au comité directionnel. Faites ce que l'on vous dit ou prenez vos affaires.

— Puis-je emporter des Post-it ? Pour placarder mon frigo de ce conseil bienveillant : « Fais ce que l'on te dit Mathilde ». Peut-être que ça finira par rentrer ?

Me soumettre à une vie rangée dénuée de sens et d'intérêt est aux antipodes de ma personnalité. Tolérer et me résigner à n'être rien si ce n'est un robot à qui l'on dicte chacun de ses actes et chacune de ses pensées ne peut pas me rendre heureuse.

— Ma fille tu ne peux pas vivre constamment hors des clous, pense à ta retraite.

— Ma retraite ? Papa est décédé dix ans avant de pouvoir profiter de la sienne. Tu crois que si à 30 ans, on lui avait dit : « Mec, tu vas trimer toute ta vie et à 55 ans tu vas crever », tu ne penses pas qu'il t'aurait dit : « Mina, c'est maintenant qu'il faut vivre, viens on prend des risques, on s'en fout d'être propriétaires, de charbonner pour un salaire de misère. Sers-toi un rosé Mina, prends une feuille, un stylo et dresse la liste de tes envies ».

Il y a des personnes qui, toute leur existence, se complaisent dans un travail, une vie de couple médiocre et insatisfaisante, car il est bien plus facile de s'accommoder de ce que l'on a, de se plaindre, que de renverser une situation. Changer c'est risqué, mais stagner c'est mourir.

17. La pensée positive

— Mathilde, mais toi tu as cette force.

— Je ne me laisse pas le choix, Aurore, et tu fais de même, tu enchaînes les cours à la fac, les gardes à l'hôpital. Tes parents ne peuvent pas t'aider financièrement et tu n'es pas issue d'une famille de médecins. Pourtant, tu es en sixième année de médecine maintenant, à la force de ta motivation. Tes semaines durent 80 heures et tu ne gagnes même pas le SMIC. Tu es bien plus forte que moi et je suis tellement fière de toi.

La pensée positive n'est pas un concept, mais un mode de vie selon moi.

Lors d'un dîner chez des amis, je fais la connaissance de Tom : «Mathilde, j'ouvre un restaurant dans les Monts d'Or. Si tu es libre, je cherche une barmaid pour m'aider certains soirs et les week-ends.»

Je préfère l'allégresse d'un comptoir de bar à la rigidité d'un clavier d'ordinateur, alors il n'a pas grand effort à fournir pour me recruter.

Tom est un véritable personnage, un homme de la nuit qui a fait de sa passion pour la fête un travail en officiant à la direction de différents établissements nocturnes. Son teint clair laisse deviner que les rayons du soleil n'ont pas souvent l'occasion de se délecter de sa peau, mais son regard rieur et ses grands yeux en amande suffisent à illuminer son visage presque encore enfantin. Vingt-huit ans, dont dix à orchestrer magistralement les festivités lyonnaises. C'est un *showman* dans l'âme. Il imite Céline Dion comme personne, a toujours la bonne vanne au bon moment, c'est un *sniper* de la blague. Je passe des nuits entières, quand le rideau du restaurant tombe, à quasiment me faire pipi dessus en le regardant effectuer son spectacle. Les attitudes, les mimiques, les accents, il attrape une bouteille au passage en guise de micro et le voilà en *moonwalk* m'alpaguant au passage pour me faire virevolter puis me délaissant sur une chaise : « N'essaie pas de me voler la vedette, c'est moi l'artiste ! »

Tom connaît parfaitement mon ancienne vie, mais nous n'en parlons jamais : « Mathilde, ce n'est pas toi, tu le sais très bien. »

Ce n'est pas moi ? Et pourquoi cela ne serait pas moi ? Très fréquemment, quand mon statut d'*escort* vient se mêler à une conversation, mes interlocuteurs me disent cela : « On ne dirait pas en te voyant ». Comme s'il y avait un signe particulier qui distingue les prostituées ou que mes Stan Smith et mon éloquence étaient un rempart contre cette activité. Nous sommes des êtres, non pas des poupées gonflables identiques fabriquées à la chaîne.

— Tu mettais des perruques rouges et des faux cils ?

— Je ne suis pas transformiste ! Un peu artiste, mais en mode *working girl*, jupe crayon et escarpins. Sans plumes ni boa !

Il y a aussi une remarque qui m'insupporte et détient la palme de l'hypocrisie : « Je pensais que tu te faisais entretenir par un vieux riche ou, au pire, que tu michetonnais les mecs. Là, tu ne te rends pas trop compte, vendre son corps... »

Si michetonner est plus acceptable, je m'inquiète vraiment sur le devenir de notre société. Si voler, mentir, manipuler et se jouer de l'autre semble plus recevable qu'un accord honnête entre deux parties, il serait temps de revoir les définitions de « respect » et « respectable ».

18. ÊTRE CE QUE LA SOCIÉTÉ VEUT

À la suite de six entretiens, et après avoir appris par cœur les nouveaux décrets des lois Macron, Hamon, le fonctionnement du compte pénibilité et toutes les mesures gouvernementales en vigueur pour les TPE-PME, le secrétaire général de la Confédération patronale, que Nico mon amoureux m'avait donné l'opportunité de rencontrer, valide mon recrutement au poste de chargée des relations extérieures.

Nous sommes en mars 2015, je ne me prostitue plus depuis une année. Je travaille à présent pour l'organisation la plus sérieuse de la ville. Le parfait grand écart. Je bois mon café devant BFM Business, épluche la presse économique, suis de près les nouvelles start-up. Ma mission est de recruter des chefs d'entreprise pour les faire adhérer à la confédération et les accompagner dans leurs problématiques d'entrepreneurs. J'ai affaire à la même clientèle, mon processus de recrutement est similaire et ma méthode de travail est quasiment identique à ma méthode d'*escort*, mais il n'y a pas de sexe. Je suis libre de mon agenda, de mes horaires, mon bureau est chez moi. J'ai des objectifs commerciaux et je mets en œuvre comme bon me semble mes actions pour les atteindre. J'ouvre une page Facebook, un compte Twitter et LinkedIn pour démarcher mes futurs adhérents. Je fixe mes rendez-vous dans des cafés au lieu des hôtels et signe des contrats facilement. La notoriété de la confédération m'ouvre la porte et mon aisance relationnelle fait le reste. J'ai des déjeuners et dîners d'affaires, je participe à des séminaires, suis au plus proche des décideurs lyonnais et m'épanouis à nouveau intellectuellement dans un métier. Je ne vis plus la vie de mes clients au travers des rendez-vous, c'est devenu la mienne.

Je gagne ma vie convenablement, mais pour arrondir mes fins de mois, je fais des services dans le restaurant de mon ami Tom. J'ai un travail la semaine, un autre les week-ends et, tous les deux jours, à 7 h du matin, je m'entraîne avec un coach privé que je rémunère grâce aux extras, car je n'ai plus d'économies. Un an après le début de «ma retraite», il ne me reste rien. L'argent que j'ai gagné, je l'ai dépensé pour me faire plaisir, mais aussi pour en faire profiter les gens que j'aime. Je suis celle qui paie la note quand tu t'absentes aux toilettes des restaurants, qui arrive les bras chargés aux apéros, qui fait le plein de ta voiture parce que tu me l'as prêtée pour faire dix kilomètres, qui camoufle le prix de la location des vacances pour que cela ne te coûte pas trop cher. Je te fais croire à une promotion et nous nous retrouvons au Mamounia à Marrakech pour 500 € la semaine en *all inclusive*, vol inclus. J'ai toujours aimé partager ce que la vie a de bon.

En arrêtant l'*escorting*, j'ai divisé mes revenus très fortement, alors j'ai changé mon train de vie. Je conserve certaines habitudes, mais ma période bling-bling est passée. J'aime les belles et les bonnes choses, mais ne suis pas superficielle. Les faux cheveux et les faux ongles, ce n'est pas moi. Le matériel ne m'intéresse pas, je n'apprécie pas arpenter les boutiques et n'ai pas un grand sens de la mode. J'ai un faible pour la mécanique et la haute gastronomie, mais si j'aime l'argent, parce que je n'ai pas honte de le dire et je ne trouve pas cela vulgaire, c'est pour la liberté qu'il apporte. Tout est possible, faisable et réalisable. Je n'ai jamais supporté la privation, c'est peut-être une séquelle due à une trop forte dose de régime !

J'ai le sentiment que ce nouvel emploi est la chance de ma vie. Je deviens quelqu'un d'honorable aux yeux de la société, et intégrer cette institution va me donner des opportunités. Je côtoie uniquement des chefs d'entreprise, des politiques, des *business angels* et ne suis pas là pour prendre soin d'eux le temps d'une heure. Je me rêve en startupeuse, en associée, en femme d'affaires. Je suis incollable sur les derniers entrepreneurs de la ville, sur les dernières stars du business sorties d'EM Lyon. J'ai envie d'investir dans chaque innovation que je découvre et qui me passionne. J'aime mes nouvelles fonctions, ma vie, les gens pour qui je travaille et je suis fière de mon ascension sociale. Moi, la petite campagnarde partie de rien et passée par à peu près tout, j'ai réussi à gravir les échelons jusqu'à incorporer « l'élite » de la ville de Lyon.

Lors d'événements type « Soirée des Entrepreneurs », je croise des visages qui me sont familiers, des regards trop insistants pour n'être que le fruit d'une drague lourde à distance, des sourires en coin, des clins d'œil appuyés ou des :

— Nous nous sommes déjà rencontrés, non ?

— Lyon est un village ! Peut-être étiez-vous présent lors de la dernière soirée de la confédération ?

Savoir rebondir, ne pas se laisser déstabiliser. Si l'on ne me dit pas clairement les choses, je joue les idiotes. Et je n'ai pas peur d'être reconnue, d'avoir l'étiquette de « pute », parce que je n'ai jamais eu l'impression de commettre quelque chose de mal, malsain ou dégradant. Je ne me suis jamais dit : « Si je fais cela, je ne pourrai plus rien faire, je serai condamnée en marge de la société. Plus de vie sociale, d'emploi légal ou d'amoureux officiel. » Non ! Pour moi, j'ai été *escort girl*, comme j'ai été vendeuse en boulangerie, caissière à Auchan, commerciale chez Xerox, responsable d'une agence d'intérim, assistante de direction dans le nucléaire et j'en passe, mon CV tient sur deux pages. Instable pour certains recruteurs, adaptable pour d'autres. Pour moi, c'est une ligne comme une autre, un chemin dans ma vie, une expérience, un art de vivre. Et je n'ai jamais imaginé que pour les autres, cela pouvait être différent. Les gens qui me connaissent savent quelle personne je suis, ceux qui ne me connaissent pas ne savent pas. Et quand bien même, qu'est-ce que cela change ? J'ai loué mon temps à des hommes pour nous sortir de notre solitude, aujourd'hui je leur vends des adhésions pour qu'ils ne soient plus isolés dans leur parcours d'entrepreneur. Nous avons tous quelque chose à vendre et à acheter et plaçons notre curseur sur l'échelle de la moralité.

Être hors cadre fait de toi un spécimen à part que certains voudraient abattre. Lorsque je suis arrivée à la confédération, mes collègues féminines se sont braquées contre moi, au prétexte que lors de ma présentation officielle en réunion, j'ai stipulé ne pas être mariée et n'avoir pas d'enfant. Un affront pour elles, qui ont traduit cela par : « Je suis chaude et prête à sucer pour réussir ».

Finalement, pas besoin d'être vraiment une prostituée pour l'être aux yeux des autres, il suffit d'avoir dépassé l'âge des catherinettes, d'être un peu jolie et féminine. Plus tes talons sont hauts, plus tu grimpes sur le podium de la « puterie ». Et si l'arrogance transparaît sous ton aplomb, alors tu es foutue.

« Tu sais, Mathilde, moi je raconte au bureau que j'ai un mec. Je me suis inventé une histoire, ainsi on me fiche la paix. J'évite les interrogations, les : "Elle doit avoir un problème, elle a plus de 30 ans". Je me tiens ainsi à l'écart des plans drague et on te prend plus au sérieux quand tu as quelqu'un dans ta vie. Sinon, tu es soit la vieille fille, soit la chaudasse de la boîte. » Cette amie d'Aurore avait trouvé une parade qui ne m'avait jamais effleuré l'esprit. Être ce que la société veut que tu sois pour t'éviter des ennuis. S'adapter et s'intégrer plutôt que de tenter de faire changer les mentalités.

19. Le crash du siècle

Le 25 avril 2015, jour de mon anniversaire, je reçois un message de la confédération sur mon Facebook professionnel :

— Bonjour, on n'a pas tous les jours 30 ans, je t'offre un vol en hélico.

— Bonjour, c'est très aimable, mais j'ai 31 ans aujourd'hui. En plus, j'ai déjà fait un baptême de l'air en hélicoptère, je passe mon tour.

— Un vol de nuit au-dessus de Lyon, tu as déjà fait ? En avion ? Je suis aussi pilote d'avion.

J'ai intégré la confédération depuis moins de deux mois, mais je commence à avoir l'habitude de recevoir des invitations. Pour des soirées, des petits déjeuners business ou encore par des journalistes qui troquent avec moi des contacts. J'essaie de ne pas être trop impressionnable, ma maman m'a toujours dit : «Tout ce qui brille n'est pas précieux». Je garde cela en tête, mais un vol de nuit en avion au-dessus de Lyon, c'est sûrement magique.

— Il ressemble à quoi ?

— Je n'ai que son Facebook, Aurore. Très honnêtement, ce n'est pas mon genre. Il a l'air un peu ringard et bedonnant. Il a les yeux verts alors forcément sur un métis cela interpelle, mais il n'est pas très séduisant !

— Au pire, tu fais un tour d'avion, on ne te demande pas de l'épouser !

— De toute façon, il m'a averti. Il a 33 ans, n'est pas marié, ne veut pas d'enfant et même pas d'une relation sérieuse.

— Alors, profite de ce qu'il t'offre. Tu n'as rien à perdre.

— La vie quand même ! Nous parlons d'un rencard dans un avion.

— Parce que toi, maintenant, tu as peur de perdre la vie ? Tu as peur que la vie te perde, oui !

Nous sommes le 4 mai 2015, une Audi R8 orange arrive en bas de chez moi. Je porte une longue robe d'été à fleurs en mousseline, une paire d'escarpins beiges et une petite veste blanche en jean. Nous sommes au printemps, mais il fait une chaleur presque estivale. Il est 19 h 30, le vent souffle et ouvre la fente de ma robe à chacun de mes pas. Il s'extrait du véhicule et laisse la porte côté conducteur ouverte. Il fait un petit mètre quatre-vingts avec une ceinture abdominale trop développée pour un jeune homme de 30 ans. Il n'a pas vraiment de style vestimentaire, il est vêtu d'un polo blanc sur lequel est écrit en lettres capitales « G-Star Vintage ». En effet, la couleur de la marque initialement rouge s'efface et vire au rose, nous sommes bien dans le *vintage*. Son jean coupe droite est bien trop large pour lui et son bouc rasé de près, qui dessine une moustache et un collier en dessous de sa mâchoire en remontant jusqu'aux oreilles, lui donne l'air d'arriver tout droit des années 1980.

Je m'approche de lui :

— Je prends le volant ?

— Non ! Je suis sorti pour t'ouvrir la portière côté passager.

— Dommage ! Je suis certaine de pouvoir maîtriser ce petit bolide ! Tu n'as pas trouvé plus voyant comme couleur ?

— Je suis actionnaire, entre autres, dans une société qui fait de la location de voitures de luxe. Nous choisissons toujours des modèles tape-à-l'œil. Je me suis dit que cela te ferait plaisir.

— C'est gentil, si tu ne me demandes pas de diviser les frais en fin de soirée. Je préfère t'avertir, je n'ai ni les moyens d'effectuer un vol dans un avion privé ni de louer ce type de véhicule.

Nous empruntons le périphérique qui relie Gratte-ciel à Bron aviation. Le moteur chante, les chevaux hurlent à chaque accélération. Dépassements par la droite, freinages brutaux devant les radars fixes, nouvelle accélération, je regarde le compteur : 110, 150, 180, 220. J'aime la vitesse et les sports mécaniques, chaque année mon papa m'emmenait voir des étapes du rallye des vins. L'adrénaline de la course, les pneus qui crissent, les pots d'échappement qui pètent, je disais à mon père : « Plus tard, je ferai pilote de rallye ». Et depuis, je me prends de temps en temps pour Fangio au volant de ma DS et ne reste jamais insensible face à un homme qui maîtrise la conduite.

En quelques minutes, nous arrivons à l'aéroport d'affaires. Il pianote un code sur la barrière de sécurité et le portillon s'ouvre. J'ai déjà pris des avions de ligne pour partir à l'étranger, mais je ne connais pas le monde de l'aviation privée. Je n'ai jamais eu l'occasion de me promener librement dans les « coulisses » d'un aéroport. Je déambule à présent sur le tarmac en talons aiguilles face à la tour de contrôle. Les manches à air orange et blanc tourbillonnent au gré du vent aux quatre coins des installations. Les marquages au sol sont d'un jaune tellement vif qu'ils semblent ressortir du bitume tels des éléments en 3 D. La pelouse autour

19. Le crash du siècle

des pistes est aussi verte et soignée que celle d'un stade de foot et les petits avions et les hélicoptères aux abords des hangars sont alignés les uns à côté des autres dans un espacement parfaitement millimétré. Tout semble rigueur et perfection.

J'entends un bruit de réacteur qui m'assourdit, tourne la tête pour admirer un jet privé Cessna Citation CJ3 entamer sa course au décollage. J'ai à peine le temps de compter le nombre de hublots, qu'il a déjà pris son envol et devient minuscule dans l'immensité du ciel.

— Ne rêve pas, le nôtre est bien plus petit ! J'ai réservé le Fox Delta Lima. Forcément, il est derrière tous les autres dans le hangar.

À bout de bras, il pousse les avions pour permettre au nôtre de se frayer un passage. Après plusieurs manœuvres, il extrait un Piper PA-28. C'est un petit appareil de quatre places, le ventre de sa coque est bleu marine, comme l'extrémité de sa queue et de ses ailes qui sont basses. Je dois monter dessus pour m'introduire à l'intérieur, j'ôte mes chaussures, de crainte que mes talons aiguilles ne la transpercent. Je grimpe sur l'aile droite de l'avion en me tenant à l'épaule de mon pilote. J'ai moyennement confiance, c'est un petit zinc qui semble être plus vieux que moi. Je m'installe dans le cockpit, positionne casque, micro et reste médusée face aux instruments que je tente de déchiffrer.

Nous sommes à présent tous deux à bord de l'appareil, j'attache mon harnais de sécurité pendant qu'il me donne quelques consignes, puis il enchaîne :

— Bron, bonjour, Fox Delta Lima, PA-28 au parking club. Demandons mise en route avec l'information A pour un vol local.

— Fox Delta Lima, bonjour, rappelez pour le roulage.

— Fox Delta Lima au parking club, prêt à rouler.

— Fox Delta Lima, transpondeur 7000, QNH 1013, roulez au point d'arrêt 34, par H, C et attendez. Passant 2000 ft, contactez Lyon approche 133.10.

Je ne comprends pas un mot de l'échange entre le pilote et la tour de contrôle. Je décèle que Fox Delta Lima est le début et la fin de l'immatriculation de notre appareil F-DL. L'avion commence à rouler depuis le parking en suivant la ligne jaune, puis s'arrête. J'ai les mains moites et le cœur qui palpite.

— Fox Delta Lima point d'arrêt 34, prêt à décoller.

— Fox Delta Lima, alignez-vous piste 34, autorisé à décoller.

— Fox Delta Lima, on s'aligne et on décolle en 34.

Nous sommes face à la piste qui s'illumine.

— Tu es prête ?

— Pas vraiment !

L'avion accélère. La piste défile de plus en plus vite. En quelques instants, le nez de l'appareil se lève. Les roues ne touchent plus le sol. Nous prenons de la hauteur et sommes à présent au-dessus de l'aéroport. Je suis crispée comme un pop-corn un soir de première. Nous montons dans le ciel au fur et à mesure que le soleil se couche. Nous entamons un virage à 180 degrés, Bron et le périphérique disparaissent pour laisser place à Fourvière, Part-Dieu, le Rhône, la Saône et tout ce qui fait Lyon. J'ai l'impression d'être Anastasia dans *Cinquante nuances de Grey*. Depuis son téléphone, il branche la musique et, dans mon casque Bose qui est relié, retentit « I believe I can fly, I believe I can touch the sky »[5]. La nuit tombe, les lumières de la ville scintillent, c'est féérique.

---

5. R. Kelly, *I believe I can fly*.

19. Le crash du siècle

Je l'interroge sur les instruments, j'ai besoin d'en comprendre le sens pour être rassurée, et l'écouter me parler d'altimètre, d'horizon artificiel et d'anémomètre m'émerveille.

— Tu veux prendre le manche ? Les commandes que tu as face à toi fonctionnent parfaitement. Tu veux piloter ?

— Je suis incapable de faire un selfie ! Mon cœur s'arrête à chaque rafale de vent. Allons plutôt prendre un whisky sec au Selcius avant que je ne me liquéfie en plein vol !

L'atterrissage bien qu'un peu tourmenté par le vent se fait en douceur. Je descends de l'avion étourdie, j'ai adoré et détesté. Je suis contente d'avoir les pieds sur terre, mais l'adrénaline qui ne m'a pas quittée le long du vol me donne envie de recommencer instantanément. C'est ainsi que j'ai attrapé le virus de l'aviation et de l'amour, malgré la révélation de son premier mensonge au bout d'un mois de relation : « Mathilde, je t'aime, tu es la femme de ma vie. Pour la première fois, je me sens vivant, heureux. Au départ, ce n'était qu'une aventure de plus pour moi, alors je t'ai menti. Mais je veux que l'on prenne un vrai départ. Vois en mon annonce quelque chose sans importance. Je suis marié et j'ai deux enfants, mais cela fait des années qu'avec cette femme nous ne sommes que des gestionnaires d'une famille, des colocataires et des parents. »

Cet amour si fort que je ressens moi aussi, ce sentiment de ne faire qu'un avec l'autre et que rien auparavant n'a existé, même pas Nico, me pousse à fermer les yeux sur sa situation maritale. J'accepte, sans me soucier d'elle. Il me met sur un tel piédestal que j'en oublie son existence. Je lui dévoile mon passé d'*escort*, mes déboires amoureux, mes faiblesses, mes forces et rien ne le fait vaciller. À ses yeux, je suis un être exceptionnel.

Trois mois plus tard, nous décidons de créer une société dans l'aviation d'affaires. Je quitte mon poste à la confédération, rends mon tablier d'extra des week-ends et me lance dans ce projet fou : « Ne t'en fais pas, je serai là pour t'aider financièrement. »

Nous souhaitons rendre accessible l'aviation privée aux PME avec le principe de la propriété partagée. Je travaille nuit et jour sur le concept. J'apprends les réglementations, les bases de l'aviation, la différence entre le privé et le commercial, les subtilités de ce domaine. Je me forme au point de savoir faire la visite prévol d'un hélicoptère et d'être parfaitement crédible quand je fais passer un entretien à un pilote. Mais mon petit nuage commence à se transformer en tempête. Je découvre par des croisements d'informations que tout est faux et mensonges chez cet homme. Des parts de société qui n'existent pas, des villas qui ne lui appartiennent pas, des brevets d'aviation qu'il n'a jamais passés. Il se révèle méprisant, oppressif, possessif, insatisfait et extrêmement exigeant. Rien n'est jamais assez bien, suffisant ni à sa hauteur : « Mathilde, en aviation tu ne connais rien. Le professionnel c'est moi, toi tu n'es qu'une pute qui essaie de se réinventer. »

Me confier à lui, lui dévoiler chacun de mes secrets, lui a permis de s'en servir contre moi. Ce besoin incessant de me rappeler d'où je viens, comme s'il m'avait sortie du trottoir. Comme si un jour, j'avais eu besoin d'être sauvée et que je lui devais tout. Il oscille constamment entre un discours me valorisant et un autre me dégradant.

Après avoir œuvré pendant presque une année à l'élaboration de ce projet, je n'ai pas d'autre choix financièrement que de reprendre un travail, car il ne m'aide pas. Mais j'ai besoin de temps en parallèle pour poursuivre le développement de l'entreprise. Je me lève chaque matin à 4 h 30 pour me rendre au Novotel de Gerland et mettre en place le buffet du petit déjeuner. Je suis recrutée par Charlotte, la responsable âgée de 26 ans, ce petit bout de femme d'à peine 1m60 et 50 kg est doté d'une énergie tellement intense qu'elle semble être montée sur piles. Dès l'aube, ses grands yeux verts pétillants respirent la joie de vivre et son dynamisme vous sort de votre somnolence matinale. Gérer et organiser un buffet pour quatre cents clients, il faut être soudées, sinon en quelques dizaines de minutes le restaurant se transforme en champ de bataille. Très rapidement, nous avons un coup de cœur amical. Bonne vivante, toujours le sourire aux lèvres et adepte des après-midi à bronzer à Miribel, cela nous faisait déjà trois points communs.

— Chacha, on va pique-niquer dimanche ? Je suis toute seule, mon mec a un repas de famille.

— Je me demande, Mathilde, comment tu supportes cela.

— C'est pour les enfants, je comprends, et puis il commence à évoquer une séparation d'avec sa femme.

— Il commence à évoquer ! Au bout d'un an !

Chacha et moi venons de la même classe sociale, père routier, mère dans le médical, nous connaissons les difficultés de la vie, l'importance d'être unies, et notre éducation dans un milieu modeste nous a appris le sens de la générosité et la bonté du cœur. Notre amitié est récente, mais elle est sincère. Nous pouvons aborder tous les sujets, avoir des avis différents et exposer nos points de vue. Nous respectons les choix de chacune, même s'ils sont changeants, voire fluctuants, d'un jour à l'autre. Nous nous souhaitons simplement d'être heureuses. Mais je ne lui parle pas mon passé d'*escort*. Je suis aujourd'hui, aux yeux de tous, une cheffe d'entreprise et la compagne d'un homme. Pourtant, ces deux statuts ne sont que façade. Notre société n'aura jamais un client. Il m'épuise et me retire la force de la vendre. En septembre 2016, il s'installe chez moi et prend le contrôle de l'intégralité de ma vie. Je ne vais plus au sport, car il est bien trop jaloux pour me laisser y aller et trop fainéant pour m'accompagner. Je ne vois plus mes amis, car si je ne suis pas avec lui il me harcèle de messages auxquels je dois répondre instantanément. Et il me balade aux quatre coins de la France, nous partons vivre à Paris, Valence, et sur l'île de Principe, dans le golfe de Guinée. Pourtant, je n'existe pas. Je suis la valise qu'il trimballe, mais qui doit rester dans la soute, pour que sa femme ne la voie pas. Il joue de ce triangle amoureux qui le valorise. Je suis devenue tout ce que je déteste, une compagne qui obéit, baisse la tête et se fait humilier en public : « Mathilde, quand tu auras quelque chose d'intéressant à dire, tu pourras parler. »

Je vis l'enfermement, la violence psychologique, la manipulation, le harcèlement, la destruction. Il tape durant quatre années sur le même clou, moi, jusqu'à l'enfoncer si profondément que je n'existe plus.

— Oh mon chou, tu te rends compte que ce mec est un psychopathe. Ça se lit dans son regard. Tu vas te laisser marcher dessus combien de temps encore ?

— Élie, je me sens faible, j'ai l'impression que sans lui je vais être perdue.

— Mais, tu t'es déjà perdue mon chou. Tu as voulu décoller, mais tu t'es crashée.

Être sous l'emprise de quelqu'un paraît inconcevable, mais ce genre de personnage dénué de toute empathie maîtrise parfaitement les rouages de la psychologie. Je suis la plus merveilleuse des femmes et trois heures après l'être le plus ignoble. Je perds tout, il m'isole, mes amis ne sont pas dignes, ma famille est composée de «petites gens» et rester à la maison à l'attendre vaut mieux que de travailler.

Presque quatre ans après notre rencontre, le 31 décembre 2018, à 22 h 47, il est installé à côté de moi sur le canapé de notre appartement. La bouteille de vin qu'il a consenti à ouvrir en ce soir de réveillon, et qu'il est le seul à avoir le droit de servir pour ainsi contrôler mes gorgées, est encore presque pleine. Une réplique d'un film qu'il a décidé que nous devions regarder me fait penser à Nico. Je pianote furtivement son nom sur Google dans mon téléphone, un avis de décès apparaît. Je vais me coucher.

Il y a des signes, des interprétations, peu importe, il faut saisir les étincelles et ne jamais les lâcher. La vie est trop courte, pardonnez-moi cette nouvelle vulgarité, pour se laisser emmerder.

— C'est fini, je te quitte. Prends tes affaires et puisque tu es encore marié, rapporte-les chez ta femme, dans le placard que tu n'as pas encore vidé.

— Si tu me quittes, nous allons mourir.

Je revois souvent cette image, je suis dans cette voiture lancée à très grande vitesse sur l'autoroute, dans laquelle il m'a fait entrer de force. Il tire le frein à main projetant notre véhicule de part et d'autre des barrières de sécurité. Mais mourir vaut mieux que de rester emprisonnée à vie. Alors je ne flanche pas, je résiste, lui tiens tête même lorsqu'il met en scène son suicide. Je le trouve un soir, gisant dans sa morve et dans sa bave, agonisant au milieu d'une marre de médicaments.

— Jamais je ne me sentirai responsable de ta mort, et si tu fais de tes enfants des orphelins, jamais je ne culpabiliserai.

Il n'en fallait pas plus pour qu'il se relève, alors il me donne un dernier coup de grâce :

— Cela doit vraiment être difficile, Mathilde, de rentrer chez soi et de voir qu'il n'y a plus rien. Je te l'avais dit, sans moi tu n'as rien et tu n'es rien. Mais je ne m'inquiète pas, tu as encore ton cul.

De mes culottes aux Tupperware, du lit jusqu'aux bougies en passant par les plantes, les rideaux, les ustensiles de cuisine, l'électroménager, les vivres, la trousse à pharmacie, en un après-midi, il a tout pris.

— Rends-moi les plantes que j'hiverne et qui vont sur la tombe de mon papa.

— Ne m'emmerde pas avec tes trucs à 10 balles.

Je me suis imaginé un millier de scénarios, le faire attacher dans la forêt de Miribel et le laisser nu toute une nuit en guise de repas aux hommes qui viennent s'y divertir, balancer aux autorités preuves à l'appui toutes ses magouilles, le griller dans le monde de l'aéronautique pour que jamais plus il ne pilote ne serait-ce qu'un drone, mais ma libération de son emprise a été telle qu'elle m'a suffi comme vengeance.

20. JE SUIS LIBRE

À présent, nous sommes en mai 2019. Aurore est dans mon salon, perceuse à la main pour fixer mes tringles à rideaux et monter mes nouveaux meubles pendant que je sabre le champagne.

— J'ai cru que tu n'allais jamais le quitter. Comment tu as pu te laisser embarquer dans un truc pareil ? Toi, Mathilde ? La nana la plus forte et la plus indépendante que je connaisse.

— Docteur Aurore, ce n'est pas à vous que je vais apprendre que j'étais justement la cible parfaite ! Chacha m'a envoyé une copie d'écran Tinder, ce fou m'a mis en photo sur son profil !

— Il me fait peur Mathilde, tu es sûre que tu ne veux pas changer d'appartement pour qu'il ne sache pas où tu vis à présent ?

— J'adore cet appart' et il ne m'effraie plus. Tu sais très bien que tout n'est que mise en scène dans sa vie, tout est faux. Même quand il a essayé de nous tuer sur l'autoroute, il l'a fait sous contrôle. C'est une très bonne nouvelle son Tinder, même si je ne le souhaite à aucune femme. Il cherche une nouvelle proie, il en a fini avec moi.

Je suis arrivée à Lyon il y a maintenant dix ans, et qu'est-ce que j'ai le plus aimé durant ces dix années ? À quel moment ai-je été le plus heureuse, épanouie, libre, le plus moi ? J'ai 35 ans, l'âge où normalement une femme est mère de famille, mariée, divorcée. Moi, je n'ai rien de tout cela, mais en ai-je déjà eu vraiment envie ? Une copine de ma maman m'a dit :

— Mathilde, ma fille de 42 ans vient d'avoir son premier enfant. Ce sera bientôt ton tour.

— Je ne pense pas en vouloir.

— Mais si, bien sûr que si, toutes les femmes désirent être mère.

— Non, je ne suis pas certaine.

— Mais si, quand tu rencontreras quelqu'un de bien, tu verras.

— Tu dois avoir raison.

— Évidemment !

Ce n'est pas en avoir envie, c'est faire le dos rond. Mais où est-ce que cela m'a menée d'être une femme dans la norme ? À ne pas être respectée, à être piétinée, rabaissée et à être l'objet d'un homme ou parfois même d'un patron. Alors, il est certain que je me suis entichée d'un cas clinique et que tous les hommes ne se comportent pas comme cela. Mais dorénavant, hors de question d'avoir un mec s'il n'est pas en accord parfait avec la personne que je suis. Oui, j'ai été, suis et serai une prostituée. Je fume, bois, pas forcément avec modération, parle fort, seule, à mes plantes et en verlan. J'écoute Booba, Dalida, mets la musique à fond dans ma voiture et râle au volant. J'aime les jupes crayons, patineuses, les escarpins, les baskets et les joggings. J'entame un régime tous les lundis matin, et les mardis soir il prend fin. Je boude quand je prends un kilo et négocie toujours pour en faire le moins possible au sport. Je ne cuisine pas et ne supporte pas quand on fait le ménage à ma place, car j'estime que les choses sont mieux faites à ma manière. Je pars en vacances avec mes copines et en tête-à-tête avec mes copains. Et si tout ceci n'est pas acceptable, alors je préfère largement les relations contractuelles. Celles où je connais les conditions au préalable, qui n'engagent à rien, qui ne me font pas souffrir, où je suis la «patronne» qui décide, définit les règles et qui disparaît au bout d'une heure en emportant son statut de femme libre et son indépendance. C'est cette vie que j'aime, pas celle que l'on tente de m'imposer. J'ai essayé de rentrer dans le moule, mais force est de constater que le cadre conventionnel n'a fait qu'anéantir tout ce qu'il y a de bon chez moi.

«Je suis Mathilda, pétillante, fun, décontractée, sportive, coquine et joueuse! Pour moi, un rendez-vous réussi est un rendez-vous où nous avons pris tous les deux du plaisir. Faites-moi un petit SMS de présentation et appelons-nous ensuite. Je me déplace uniquement. J'aime rencontrer des gentlemen de 35 ans et plus. Je sais qu'il est un peu difficile de me joindre, je réponds au gré de mes envies et désirs... Par conséquent, je prends peu d'appels. Bises, Mathilda».

J'ajoute à ce petit texte de présentation, sur ma nouvelle annonce en ligne, quelques photos en lingerie sexy, en prenant toujours le soin de dissimuler mon visage et de camoufler mes tatouages. J'investis 200 euros dans une Mobicarte, dans une boîte de préservatifs Skin, dans de nouvelles culottes, paires de bas et, le 20 juin 2019, je suis de nouveau référencée sur le *listing* des filles disponibles pour des rencontres tarifées à Lyon.

Mon annonce est parue il y a un jour et j'ai plus de cent messages et appels. Le marché n'a pas changé et je suis en tête

20. Je suis libre

de liste sur le site, qui compte presque deux cents annonces de filles dans la ville.

« Bonjour Mademoiselle, je suis Gilles, j'ai 62 ans. Je suis de passage à Lyon. Je loge au Mercure Lumière. J'apprécie les longs préliminaires, je suis un homme gourmand. Pouvez-vous m'en dire plus sur vos attentes ? Au plaisir de vous lire. »

« Bonjour, à la suite d'une rupture douloureuse, j'aimerais vous rencontrer. Mehdi, 30 ans, pour une durée financièrement intéressante. »

« Bonjour, votre cul est bien rebondi pour une Française, dis donc. »

« Salut Mathilda, je préfère te dire la vérité, j'ai 21 ans et je n'ai jamais couché avec une fille. Je ne suis pas spécialement timide, mais quand je rencontre une nana je bloque. Je me suis dit que toi tu pouvais m'apprendre un peu, si cela ne te dérange pas d'être ma première expérience. »

« Tu fais la pénétration nature ? J'ai envie de te cracher dans la chatte. »

« Bonjour, j'ai envie d'un scénario. Vous marchez dans la rue, je passe en voiture, je m'arrête à votre hauteur, vous montez et vous me sucez pendant que je conduis autour de la place Bellecour. »

« Bonjour, nous sommes deux cadres sympas en déplacement. Êtes-vous dispo pour une petite fiesta bon délire ? »

« Bonjour, je ne sais pas si c'est vous. J'ai eu l'occasion de rencontrer une jeune femme qui travaillait dans une mairie et qui aimait jouer avec des légumes. C'est vous ? Sinon, cela vous tente ? »

« Bonjour, je m'appelle Louis, j'ai 35 ans, je vis à une heure de Lyon. Je suis en fauteuil roulant, mais je suis parfaitement normal et très sympa. Je vous joins une photo de moi. En espérant avoir un retour. Bises. »

« Bonjour charmante Mathilda. Je m'appelle Will, j'ai 57 ans. J'ose espérer ne pas être trop vieux pour vous. Je suis épicurien, mon hygiène est irréprochable et mon look sportif. J'aimerais pouvoir vous rencontrer, quelles seraient vos conditions ? Bien à vous. »

Je reçois comme auparavant tous types de demandes de tous types d'hommes. Des plus loufoques aux plus classiques. Je n'ai plus qu'à faire le tri et choisir les profils d'hommes qui me correspondent.

Je ne réponds qu'aux messages avec une présentation et aux hommes de plus de 35 ans. En dessous, ils ont rarement les moyens. Et quand ils les ont ou qu'ils s'offrent ce type d'extra, je sais d'expérience que c'est pour en profiter à fond, pour baiser à l'image d'un film porno. Ce n'est pas mon créneau, je préfère les hommes mûrs qui ont besoin de séduction, d'établir un lien, de faire monter le désir pour trouver leur plaisir. Les cinquante-naires sont plus soucieux de leur partenaire, ils ne commandent pas une *escort* pour lui faire « du sale ». Ils invitent une prostituée comme l'on commande une pâtisserie chez Sébastien Bouillet. Nous la payons cher, mais nous apprécions cet instant, nous languissons, la dégustons, ne la dévorons pas.

Je ne réponds pas non plus aux jeunes hommes vierges. J'ai 35 ans et un garçon de 20 ans n'est pas un homme, mais un enfant pour moi. L'idée me dégoûte, même si j'ai déjà fantasmé devant le corps musclé de Killian Mbappé, le tee-shirt trempé de sueur qui, au fur et à mesure du match, vient se coller à son torse laissant dessiner la courbe de ses abdominaux, ses fesses galbées dans son short remontant à chacune de ses foulées, cours Killian, cours ! Je doute que ce soit lui qui me missionne pour le dépuceler !

Je ne réponds pas non plus aux hommes avec un handicap, je ne saurais comment faire et ne suis pas certaine de pouvoir être à l'aise. Il me semble que seul l'amour pourrait me permettre de dépasser cette barrière. Là, je ne suis pas en quête de sentiments, mais de plaisir sous toutes ses formes, et le point numéro un de ma ligne directrice est de faire uniquement ce qui attise mon désir.

21. Qui est mon inconnu ?

Pour la première rencontre, après cinq années d'une vie conventionnelle, je sélectionne Will. Notre échange téléphonique a été agréable, simple, et il m'a séduit par le son de sa voix dynamique, son ton rieur et détendu. Nous avons rendez-vous le jeudi 27 juin 2019, sur le parking du centre commercial Leclerc à Francheville, à 16 h.

Je porte de la lingerie en dentelle rouge, sous une petite robe d'été bleu ciel, et une paire de sandales à talon jaune citron. Il fait une chaleur caniculaire, je décapote ma voiture. Le village où nous avons rendez-vous se trouve sur le même versant des monts du Lyonnais que mon appartement. Nous sommes presque voisins. Je traverse les routes de campagne, musique à fond et cheveux au vent.

L'homme que je rejoins est âgé de 57 ans, cet écart entre nous ne m'effare plus. Il sort d'une assemblée générale dans le 6ᵉ arrondissement, d'après son dernier message. Il occupe probablement un poste à responsabilités, au comité directionnel, ce qui présage un échange intéressant.

Je me sens comme une jeune première qui se rend à un entretien d'embauche après avoir obtenu son diplôme de fin d'études, je suis un peu fébrile et nerveuse. Je n'ai pas rencontré d'inconnu depuis longtemps, crains de ne pas être à la hauteur et d'être mal à l'aise. Je ne suis pas certaine d'être encore capable de conduire un rendez-vous, d'alimenter la discussion et de ne pas laisser s'installer de blanc qui provoquerait un moment de gêne parce que, au-delà du sexe, qui n'est que la finalité, les hommes attendent de moi que je sois joviale, instruite, naturelle, exaltante. Ils ne me reçoivent pas pour que je sois fade et que je me mette nue en faisant semblant de couiner avant de m'empresser de repartir.

Je stationne sur le parking du centre commercial, capote le toit de ma voiture et branche la climatisation en envoyant un SMS à Will.

— Je suis arrivée, je suis garée à côté de la pharmacie.

— OK, je prends un scoot, j'arrive.

Un scooter, peu commun à 57 ans ! Qui va débarquer ? Serait-ce François Hollande mon inconnu ?!

Un deux-roues noir type T max arrive quelques minutes plus tard. Je sors de mon véhicule pour lui signifier que je suis celle avec qui il a rendez-vous. La chaleur est bien trop étouffante pour patienter dans un espace non climatisé et camoufler mon véhicule avant son arrivée. Il s'approche et retire son casque pour me saluer. Il n'est pas très grand, à peine plus que moi. Il porte les cheveux en arrière et sa crinière ondulée, peignée soigneusement est brune. Il a un teint hâlé, presque tropézien et ses dents éclatantes parfaitement alignées lui donnent un côté hollywoodien, un air de star de cinéma. Il est vêtu d'un jean bleu délavé, rapiécé et troué, accordé à un polo blanc et à une paire de Stan Smith. Son look moderne accentue le décalage de son âge : «Salut, Mathilda, tu me suis ? On en a pour deux minutes. Tu verras sur ta gauche le parking Galtier, tu te gares, tu traverses la route et tu trouveras un petit portail. Tu entres, je t'attendrai là, je range le scoot au garage. À tout de suite. »

Au-delà de son look jeune et branché, j'émets un doute sur son âge. Il ne semble pas avoir 57 ans, mais avoir dépassé la soixantaine. Soit il fait plus vieux que son âge et tous ses artifices sont un rempart contre son vieillissement précoce, soit il m'a menti. Mais, je le trouve attrayant, le genre d'homme que l'on nomme « vieux beau », séduisant, dynamique et propre sur lui.

Je ne sais pas encore qui est ce personnage à l'allure atypique. Je décèle chez lui une forme de familiarité avec moi, une manière d'être très spontanée dans son approche et une aisance qui me laisse prédire qu'il est un habitué des relations publiques. Je connais les entreprises Galtier, le parking qu'il m'indique, c'est une institution à Lyon. Il existe une dizaine de points de vente, quelques autres en France et sûrement une centaine d'employés.

Je gare mon véhicule sur le parking du siège social de la société. J'aperçois les bureaux, les entrepôts, les camions de livraison, les voitures à l'effigie de l'enseigne, les salariés qui s'activent ou qui fument leurs cigarettes. De l'autre côté de la route, je distingue une grosse maison contemporaine au toit plat et aux façades blanches. Il m'attend à l'entrée. J'entre les yeux écarquillés en apercevant un patio où se niche discrètement une piscine aux courbes asymétriques. Les dalles autour sont de bois clair et quelques palmiers épars apportent de l'ombre à l'ensemble. Les bâtisses et la végétation qui entourent cet espace paisible me donnent l'impression

21. Qui est mon inconnu ?

d'être dans un riad à Marrakech. Nous longeons la verrière pour nous rendre dans la cuisine et je suis à présent dans un bouchon lyonnais. Tout y est, semblable à la décoration du Comptoir d'Abel. Il y a la trancheuse à charcuterie en inox, les saucissons de chez Bobosse suspendus au plafond par des cordelettes, les vieilles plaques en fer aux murs représentant des lieux et des spécialités lyonnaises, le gros fourneau en fonte et la table en bois mange debout avec une enveloppe à mon nom.

— Tu veux boire quelque chose de frais ?

— Avec grand plaisir, il fait une chaleur étouffante.

— Du rosé, du Perrier ?

— Un Perrier citron, ce serait génial !

Il est amical et décomplexé, ma première impression n'a pas disparu. Après les banalités sur les conditions météo, nous faisons connaissance plus amplement. Je retrouve rapidement mon aplomb et mon assurance, mon angoisse du départ a disparu.

Il ne se cache pas et me dévoile qu'il est le patron des établissements Galtier, qu'il dirige également d'autres enseignes et qu'il est très investi dans le milieu du sport professionnel. Il est une figure du business à Lyon et le numéro un dans son domaine en France. Malgré mon intérêt pour le tissu économique lyonnais, mes années au sein du journal et à la Confédération patronale, je ne connaissais pas cet homme ni son parcours, seulement son nom et son empire. Je suis avec attention l'actualité des start-up et de nos grandes entreprises, je suis admirative des parcours et des acensions à la GL Events ou à la Cardinal, entre autres. Je ne suis pas fan de stars de la chanson ou d'acteurs, ce sont les *businessmen* qui me fascinent. Ces chefs d'entreprise sont ses amis, ses associés.

Nous nous trouvons des points communs. Il s'est essayé à l'ULM et voudrait apprendre à piloter un hélicoptère. J'ai tenté de lancer une start-up dans l'aviation d'affaires. Il aime chiner, j'adore l'ambiance des Puces du Canal. Il préfère les virées entre copains à moto et les auberges, plutôt que l'apéro sur la terrasse de Sénéquier face aux yachts de Saint-Tropez. Mes meilleures vacances sont celles où j'ai relié Genève à Lyon à vélo et en tente de toile avec Aurore.

Il me confie être un habitué de ce mode de rencontres, il aime entretenir une relation suivie avec les filles, instaurer un climat qui va au-delà du côté tarifé, mais qui ne dépasse jamais les limites. Il ne me parle pas de sa vie personnelle et je ne lui pose pas de questions. Il ne porte pas d'alliance et je ne ressens pas de présence féminine dans la maison. Il me demande depuis quand je fais cela, je ne lui dis pas qu'il est le premier, il ne l'est pas vraiment. Il me remet juste le pied à l'étrier après une longue période d'absence dans cette activité, plus de cinq années.

Je suis en sa compagnie depuis une demi-heure quand il s'approche de moi pour me donner un premier baiser et me propose que l'on prenne une douche ensemble. Je n'éprouve, pour le moment, pas de désir pour lui, seulement de l'admiration.

Je monte seule les escaliers suspendus qui me mènent au palier du premier étage. Je croise sur mon passage des œuvres contemporaines qui se fondent dans cet environnement moderne rempli de domotique. J'entre dans la chambre pour y déposer mon sac à main et ôter mes escarpins. Will est encore au rez-de-chaussée. L'espace nuit mesure 80 mètres carrés. En guise d'accueil sont positionnés deux fauteuils noirs en daim, sur un tapis moelleux dans la même teinte. Le sol est recouvert d'un parquet clair et les murs sont pour moitié blancs, moitié *black mat*. Le cadre de lit est incrusté aux matériaux et quelques marches sont nécessaires pour y accéder. Derrière lui se trouvent deux verrières, une laissant apparaître le dressing, l'autre la salle de bain. Mes yeux balayent l'ornement de la pièce, une Marianne en pierre blanche aussi grande que moi semble me fixer et m'épier. Pourtant, ce n'est pas moi que la statue regarde, mais ce modèle de collection de chez Ducati qui trône face à elle. Une moto rouge et blanche qui paraît ancienne, mais qui est reluisante, comme neuve. Elle porte le numéro 1 et au-dessus d'elle est accrochée dans un cadre la photo d'un homme en tenue de pilote, casque à la main et médaille en or autour du cou. Le tableau est signé au feutre noir, je ne suis pas suffisamment aguerrie pour reconnaître la personne ni déchiffrer la signature. J'imagine que ce doit être le précédent propriétaire de l'engin et qu'il a gagné une course avec. C'est plutôt singulier, qui met une vraie moto dans sa chambre ? À part Johnny peut-être ! Je prends furtivement une photo, cette particularité m'amuse, j'ai envie d'en garder un souvenir.

J'entends Will monter. Je me dirige vers la salle de bain. Sur une estrade, la baignoire-îlot sur pieds habille le fond de la pièce tout aussi grande que l'espace chambre. À l'entrée, il y a une douche italienne, en face une double vasque en marbre blanc, ce même marbre recouvre le sol et les murs. Les lumières des spots changent de couleur et une musique *lounge* retentit d'une enceinte représentant un lion, en taille réelle. Aucun doute, je suis chez un Lyonnais ! Je veux la même chez moi ! Mais je crois que ma salle de bain ne pourrait pas accueillir une enceinte plus grosse que la représentation d'un chat !

Je sens la respiration de Will dans ma nuque. Je sursaute, suis dos à lui. Il s'approche doucement et, entre baisers et caresses, je le laisse retirer ma petite robe d'été, dégrafer mon soutien-gorge et faire glisser ma culotte de dentelle. Il m'entraîne délicatement sous la douche. Tout semble précieux, la robinetterie est étincelante et le marbre sous ma plante de pieds dépose un voile frais et soyeux. Nous prenons soin de faire mousser respectivement nos corps, son sexe grossit au fur et à mesure que ma main enduite de savon fait des va-et-vient sur son membre. Il m'embrasse dans le cou, fait rouler mes tétons entre ses doigts, ses gestes sont doux, tendres. Il m'étreint, parcourt de ses mains mes hanches, mes fesses et vient glisser délicatement un doigt à l'intérieur de ma féminité. Je le sens fébrile. Il sort de la douche, m'enroule d'une serviette moelleuse et me demande de l'attendre sur le fauteuil. Je m'y assois encore mouillée. Les fenêtres sont ouvertes et les volets entrebâillés, j'entends l'effervescence de l'entreprise de l'autre côté de la route.

Il s'agenouille au sol face à moi et plonge sa tête entre mes cuisses. Je me laisse aller instantanément. Ses gestes sont à la fois timides et intenses. Il éveille mes sens et suscite mon désir. Il prend du plaisir à me lécher et je m'autorise à apprécier. Je m'offre à lui comme on s'offre à un amant. Sa langue, ses doigts parcourent et pénètrent mon corps. Je ferme les yeux, passe mes mains de sa chevelure à mes seins. Je sers ses joues entre mes cuisses et ne peux m'empêcher d'effectuer des va-et-vient avec mon bassin pour accentuer ses mouvements de langue et décupler mon plaisir. Je gémis de plus en plus, oubliant les fenêtres ouvertes et les employés presque en dessous. Dans un dernier élan humide et langoureux, je jouis dans sa bouche assoiffée de désir.

21. Qui est mon inconnu?

Il prend ma place sur le fauteuil et moi la sienne sur le tapis. Son sexe est raide, épais, vigoureux. Mon envie a disparu en même temps que mon orgasme, je suis devenue masculine de ce côté-là! Quand j'ai joui, mon partenaire ne m'intéresse plus. Alors, je le suce goulûment, j'actionne le mode mécanisme pour le faire venir rapidement, mais l'homme a du sang-froid et profite de l'extra qu'il s'est offert. Après plusieurs minutes de fellation, il m'attire dans son lit, me demande un préservatif et me pénètre en missionnaire. J'éprouve à nouveau du désir et du plaisir. Il me réclame de me prendre en levrette et se retire de mon corps pour changer de position.

— Ah, tu as tes règles ?

— Non, pourquoi ?

— Il y a une petite goutte de sang sur la capote. Je déteste ça, je ne peux pas, je suis désolé. Il y a des hommes que cela ne dérange pas, moi je ne peux pas.

— Non, c'est moi qui suis désolée, je ne suis pourtant pas indisposée.

— Suce-moi, je vais venir comme ça.

Ce n'est pas une réaction défensive de la part de mon corps, c'est juste une mauvaise gestion d'agenda et de suivi de cycle. Je suis gênée, lui est un peu dégoûté, mais n'a pas mis fin à la prestation.

Je file sous la douche après l'avoir fait jouir avec ma bouche. Je n'accepte pas les éjaculations buccales, jamais. Il y a certaines pratiques que je conserve pour mes partenaires personnels. Lors de mes rencontres, j'offre mes seins, mes fesses, mon corps ou la capote.

— Je te propose de te rendre la moitié de ton argent.

J'espère qu'il refuse, mais je suis obligée de lui proposer un geste commercial, cela fait partie de ma formation professionnelle.

— J'apprécie beaucoup, Mathilda, tu n'es pas obligée de me proposer cela.

— C'est la moindre des choses, la commande n'est pas conforme à tes attentes !

— Non, quand même pas, mais j'apprécie vraiment ta proposition. Tu fais preuve d'honnêteté, presque de conscience professionnelle, si je peux voir les choses ainsi. Mais, je préfère te faire une autre offre. La prochaine fois que nous nous voyons, tu me feras une remise, je ne vais pas te reprendre l'argent que je t'ai donné.

— C'est une excellente idée, Will, faisons ainsi.

— Peux-tu me rendre un service ? Je dois récupérer un véhicule dans un garage à côté, est-ce que tu peux m'y déposer ?

— Oui, sans problème, avec plaisir.

— Je rentre des États-Unis le 10 juillet, je t'appelle à ce moment-là pour te revoir.

Je me suis tout de suite sentie en confiance avec lui, alors je n'ai aucun problème à le faire monter dans ma voiture. Je ne connais pas les profils des *serial killers*, mais je doute qu'il ait déjà assassiné une de ses *escorts*. Je fais attention depuis longtemps à ce genre de faits divers à Lyon, les histoires de prostituées tuées rapportées par la presse locale sont courantes sur les réseaux.

Nous montons dans mon véhicule, discutons mécanique et de son voyage à venir, rien ne pourrait laisser croire que notre rencontre est le fruit d'une petite annonce tarifée. Le trajet dure quelques minutes, il me fait une accolade amicale en me promettant de me rappeler, avant de descendre.

21. Qui est mon inconnu ?

J'enclenche la première vitesse et m'engage quelques centaines de mètres plus loin dans un petit chemin de campagne. J'attrape mon sac à main et sors mon paquet de Marlboro Gold. Je m'allume une cigarette et tire une large bouffée de fumée avant d'extraire les quinze billets de 20 euros de leur enveloppe. L'instant est jouissif, comme quelques minutes auparavant. Ces premiers 300 euros ont une odeur de liberté, je ne suis plus une apprentie, je me suis octroyé une petite augmentation. Un des avantages de cette activité, nous ne sommes pas contraintes à une convention ni à des prix planchers et sommes seules à déterminer nos tarifs. À Genève, l'heure est au minimum à 700 euros, à Gerland tu jouis pour 30 balles, et moi j'ai déterminé que passer soixante minutes en ma compagnie valait dix fois plus que cela.

22. Je prends les mêmes

— Allo, Mathilda ? Bonjour, c'est Paul. Je me permets de vous appeler, j'ai vu votre annonce et j'ai une question. Il y a quelques années, je voyais une Mathilda dont j'étais fan, à Villeurbanne, est-ce que c'est vous ?

— Paul, incroyable ! Oui, c'est moi, ça me fait super plaisir d'avoir de tes nouvelles.

— Alors, tu es de retour, c'est génial, on déjeune ensemble ?

***

— Bonjour, Mathilda, je suis Mickaël, c'est toi qui vivais à Villeurbanne ?

— Mickaël, oui, en effet, c'est fou de t'entendre après tant d'années !

— J'ai vu ton annonce, je me suis dit que ce ne pouvait être que toi ! On s'organise un rendez-vous que tu me racontes où tu étais passée tout ce temps ?

***

— Bonjour, c'est Olivier, de Vaise. C'est toi, Mathilda ?

— Oui, c'est moi !

— Quel plaisir de t'entendre, tu avais disparu sans un mot ! J'imaginais que tu étais mariée.

— Et non, toujours pas !

Aussi incroyable que cela puisse paraître, c'est comme sur Tinder ! Huit ans plus tard, il y a les mêmes hommes sur les sites d'*escorts*. Tous les trois faisaient partie de mes clients réguliers à l'époque 2012-2014, c'est pour cela que mon souvenir d'eux est intact. Au timbre de leur voix, je les reconnais instantanément. Et c'est comme retrouver de vieux copains ou d'anciens plans cul. Le temps est passé, ils sont encore là et moi de retour, mais je ne suis plus cette petite nana de 28 ans qui s'ennuie dans sa chambre de colocation et qui décide de tapiner pour occuper ses soirées. J'ai 35 ans, et à présent j'ai des amis fidèles, sincères, avec qui je ne m'invente pas une fausse vie, tous sont au courant de mon mode de rencontres. Des femmes et des hommes de tous horizons, de tous âges et de toutes classes sociales qui, au-delà d'être sans jugement, sont devenus de véritables porte-parole capables d'intervenir en public par la force de leurs convictions et qui s'offusquent du mépris que la société a envers les filles comme moi, les TDS, les travailleuses du sexe : « J'ai une copine *escort,* et quel est le problème ? Le tabac tue, l'alcool aussi et pourtant c'est en vente libre. Depuis l'invention de la capote, le cul n'a jamais tué personne, non ? »

J'ai également dans mon entourage des hommes que j'ai rencontrés par le biais de cette activité, en 2012, et dont je n'ai pas dressé le portrait, mais qui sont toujours dans ma vie sans que le sexe ait sa place. Il n'y a aucune ambiguïté entre nous, je connais dorénavant leurs femmes et enfants.

Je ne suis plus cette gamine en mal de sensations fortes, ne suis même plus une jeune femme, mais une femme. J'ai plus souvent le cœur à la fête qu'à la déprime, je suis bienveillante, attentionnée, je donne sans attendre de recevoir. J'ai une personnalité atypique, à présent ce ne sont pas juste des « on dit », j'en ai pris conscience. Je sais que j'ai un franc-parler qui peut être déplaisant, je fais partie de ces gens que l'on adore ou que l'on déteste. Je n'ai pas peur de ce que je pense et le dis. Je ne suis pas toujours très diplomate, mais travaille dessus depuis de nombreuses années. J'analyse vite, vais à l'essentiel et m'encombre rarement des broderies nécessaires à la diffusion d'un message en douceur, je comprends que cela puisse être irritant. On dit parfois de moi que je suis arrogante, hautaine, différente. J'exprime souvent ce que les autres osent à peine penser, c'est dérangeant et mon humour se rapproche de celui de Baffie, piquant. Alors, sans second degré, cela peut être blessant. Mais, j'essaie de devenir la meilleure version de moi-même. J'écoute, j'apprends, tente de ne pas trop camper sur mes positions et essaie de m'adapter, même si je n'ai jamais su dire « Oui, oui » et baisser la tête. Je veux bien tempérer, mais ne serai jamais résignée. Si je ne devais choisir qu'une citation, alors je choisirais celle de l'abbé Pierre : « Le plus grand des échecs est de ne pas avoir le courage d'oser ».

Puisque tu as déjà le « non », cela ne coûte rien de tenter d'obtenir le « oui ». Croire en soi n'est pas chose facile, c'est un combat de chaque jour, mais 100 % des gagnants ont joué. Alors, jouons, sans quoi rien ne se passera.

Quand j'avais ma société dans l'aviation, j'ai arrêté des politiques dans la rue, déjoué les codes pour obtenir des rendez-vous avec les plus grands entrepreneurs de la région, et cela a fonctionné. Ne se mettre aucune barrière ni limite, même si cette fois cela ne marche pas. Je dis souvent que je n'ai rien à perdre aujourd'hui, mais que j'ai encore beaucoup à gagner demain.

En reprenant l'*escorting* après ma rupture, je choisis sans doute le chemin le plus facile et évident, mais c'est la seule chose dont j'ai envie, un peu de *dolce vita*. Ma vision des choses a évolué, je connais le milieu. L'abondance ne m'intéresse pas, posséder des biens non plus. Seule la liberté que cette activité m'apporte m'importe. La liberté du temps, financière, sexuelle, la possibilité de vivre chaque jour comme je l'entends, sans engagement, mais en ayant la possibilité de faire des rencontres passionnantes.

Je choisis quand, où, avec qui et combien.

Paul a maintenant une petite cinquantaine d'années, est père de quatre enfants et possède une entreprise qui vend des machines agricoles. Quelques jours après son appel, nous déjeunons ensemble dans un petit restaurant italien en bas de chez moi. Il a vieilli, moi aussi, mais il n'en est pas moins bel homme. Auparavant, nous n'avions jamais déjeuné ensemble, mais un retour après cinq années d'absence mérite une mise à jour. Je lui raconte ma vie comme à tous ceux que je n'ai pas vus depuis plusieurs années. Je sais qu'à l'époque, il était un peu amoureux de moi et j'ai l'impression que c'est toujours le cas. Il m'écrit pour me dire que je lui manque, me serre dans ses bras quand j'arrive chez lui, m'étreint et me fait l'amour. Parfois, il me baise en me disant que je suis bonne, mais il est toujours plein de tendresse. Moi, je l'apprécie et j'assouvis un désir sexuel. Notre relation est devenue routinière, comme un vieux couple. Je le vois toujours à midi, arrive quand la femme de ménage part et pars avant que sa femme arrive. Mais en réfléchissant, il aime seulement me faire l'amour. En moins de cinq minutes, nous sommes nus et vingt minutes plus tard je suis repartie. Nous avons échangé cinq phrases :

— Tu m'as manqué, ma chérie. Qu'est-ce que tu es chic !

— Merci. Ça va, toi, le boulot en ce moment ?

— Oui, ça va.

***

— Tu es toujours aussi bonne. Tu passes me voir la semaine prochaine ?

— Oui, si tu veux. On s'écrit, on se tient au courant.

Disons qu'il m'aime à sa manière. Et moi aussi.

Je revois également Mickaël. J'ai toujours apprécié cet homme, grand, belle carrure, la quarantaine. Je le retrouve dans une garçonnière à Villeurbanne, et il m'accueille avec un grand sourire, comme à son habitude. Il est très attentionné et attentif, remarque si j'ai coupé mes cheveux, si j'ai un nouveau collier ou si j'ai minci. Son truc à lui, c'est les cunnis et il est sur le podium dans la réalisation de cet art, alors je me laisse toujours aller lors de nos petits rendez-vous.

Olivier, Bernard Henri Lidl, n'a, quant à lui, pas changé ses pratiques, mais son train de vie ne lui permet plus de me *booker* aussi régulièrement. Il est toutefois inscrit dans mon *listing* VIP et reçoit mes vœux pour la bonne année, comme tous ceux que j'apprécie.

Quelques semaines après avoir repris ce mode de rencontres j'accepte un rendez-vous à l'Ibis budget, Grande rue de St Clair à Caluire, à 15 h, sous prétexte que le jeune homme a l'air sympathique au téléphone. Il s'appelle Bastien, a 38 ans, en déplacement pour la journée à Lyon. J'arrive à l'entrée de l'hôtel, il m'attend dehors : « La chambre n'est pas encore disponible, je suis désolé, la réceptionniste fait au plus vite. »

Nous patientons à l'ombre, à côté du bâtiment. Il me raconte un peu sa vie, est gentil, mais étrange. Il entre à nouveau dans l'hôtel puis en ressort. La chambre n'est pas prête, il faut encore patienter. Au bout de vingt minutes, je suis toujours sur le trottoir à me dire : « Qu'est-ce que je fais, je m'en vais, je reste ? » Je n'entre pas dans le hall d'accueil, je ne souhaite pas que le personnel puisse m'associer à lui. Je ne sais pas ce qu'il fait, ce qu'il raconte, j'émets des doutes sur son histoire. Il n'a pas le profil du policier, le sujet aurait été lancé et je ne sais pas si cela se fait vraiment les recensements de prostituées. Il n'a pas le comportement d'un proxénète qui serait là pour me recruter, la chambre aurait déjà été louée et j'y serais séquestrée. Il revient une troisième fois, agacé : « Elle me fait tourner en bourrique, on va trouver une autre solution. Ça te dérange si on fait ça dans ma voiture ? Juste, tu me suces, mais je te donne l'argent comme on a dit. »

Entre ma préparation, le trajet et l'attente sur le trottoir, je viens de lui consacrer deux heures de mon temps. Nous sommes loin des rendez-vous luxueux. Un vieux break accidenté sur un parking en contrebas de l'hôtel. Je l'ai fait. Puis je l'ai *blacklisté* dans mon répertoire.

Une pipe dans une voiture, nous l'avons toutes fait à notre amoureux, mais ce n'est pas comme cela que je conçois mon art de vivre. La prostitution, oui, mais notre corps doit être un produit de luxe pour ceux qui souhaitent s'offrir ce plaisir. Un produit, mais pas un objet. Et je suis la seule à pouvoir faire de ma conception, ma réalité. La course à l'argent ne peut pas être un *leitmotiv* dans ce domaine, sans risquer de s'y perdre. L'abondance mène aux mauvaises rencontres, une sélection trop laxiste conduit à des situations dégradantes, un tarif bas t'envoie directement dans la gueule du loup. Quand tu portes un bleu de travail, tu n'y fais pas attention, quand tu arbores ta plus belle chemise blanche, tu ne t'aventures pas à manger des spaghettis. Lorsque tu as quelque chose de précieux, tu en prends soin.

Je m'autorise cet écart, mais je suis dorénavant trop clairvoyante pour en accepter un second. Je recommence cette activité pour me permettre d'être libre, indépendante, mais je veux du luxe, des paillettes, du champagne et des orgasmes. Quitte à gagner moins, quitte à rencontrer peu.

— Mathilde, puisque tu reprends ce mode de vie, pourquoi tu ne fais pas un max de fric ?

— Parce que pour faire un max de fric, il faut tout accepter, Aurore. Et je n'ai ni envie de rencontrer plusieurs hommes par jour ni de faire des choses qui me déplaisent.

La plupart du temps, j'arrive à détecter la personnalité qui se trouve derrière l'écran et je suis rarement désagréablement surprise. Je me fie à mon instinct et aux questions que je pose. Néanmoins, je ne suis pas à l'abri de certains mensonges ou entourloupes, comme avec Gérard, 47 ans, sapeur-pompier, en déplacement à Lyon pour un stage. Il me *book* pour deux heures dans un petit hôtel de Perrache. Ce quartier était la plaque tournante de la prostitution de rue, il y a quelques années à Lyon.

Les nouvelles constructions et la réhabilitation du secteur de la Confluence ont fait déménager mes consœurs de l'autre côté du pont, à Gerland. Il reste encore quelques filles qui arpentent le quai Perrache, mais elles se font discrètes. Cet hôtel au bord de l'autoroute A7 a vu défiler grand nombre de «clandestins du sexe». C'est une chaîne un peu froide et en entrée de gamme, mais je me dis que la caserne ne va certainement pas offrir aux frais du contribuable un quatre étoiles à son combattant du feu. Je me raccroche au fantasme du pompier, c'est sexy, excitant, ce qui compensera le manque de prestige des lieux. Nous avons rendez-vous à 14 h.

Il ouvre la porte de la chambre, je me décompose.

— Bonjour, Gérard, merci de me recevoir.

— Bonjour, Mathilda, mais moi c'est Denis.

— Denis, pardon, excuse-moi, j'étais persuadée que tu t'appelais Gérard. J'ai mal noté, vraiment je suis désolée.

Tout se mélange dans ma tête. J'étais persuadée de venir à la rencontre de Gérard, sapeur-pompier, je suis face à Denis, petit, plus que moi, gros, deux fois comme moi et avec une dent en moins juste sur le devant. Je suis déstabilisée. Je m'en veux de ne pas avoir été attentive avant mon arrivée, le rendez-vous a été pris une semaine auparavant. À quel moment ai-je inversé les profils ? Qu'est-ce que j'ai mélangé ? M'étant déjà trompée de prénom, je ne lui dis pas : «Mais, tu n'es pas censé être un beau pompier athlétique ? Parce que je m'étais fait un film, je te voyais les muscles saillants sous ton uniforme, me portant à bout de bras et me jetant sur le lit pour éteindre le feu qui embrase mon corps. »

Je ne peux pas m'enfuir. À mon arrivée, il m'offre un sachet de nougats de chez Pierre Bonnieu, l'artisan de Montélimar. Il est adorable et même les petits gros ont le droit de profiter de la vie.

— Et que viens-tu faire à Lyon ?

— Je suis en stage, je suis artisan-chauffagiste. Je viens valider une spécificité pour avoir une accréditation et pouvoir faire des pompes à chaleur.

Mais occuper deux heures, parfois c'est très long. Quand le *feeling* n'est pas au rendez-vous ou quand un élément vient perturber le scénario initial, il faut s'adapter et tenter de ne rien laisser transparaître. Non pas, car cet homme me paie et que je me dois de lui être dévouée le temps imparti, non, simplement parce qu'il est un être humain et qu'il est sympathique avec moi. Je ne peux pas lui faire ressentir que son physique est un frein dans le bon déroulement de notre rencontre, ce serait insultant.

Je suis de nature curieuse, alors j'ai toujours de la ressource quand il s'agit de mener une discussion pour meubler le temps. Il a beaucoup voyagé, je me suis intéressée à chacun des pays, les coutumes, la gastronomie, la température des lagons et la couleur du ciel au moment du coucher du soleil. J'ai tenté de me transporter sur les plages paradisiaques dont il me vantait la beauté.

Quand il a commencé à me lécher en me disant : « T'aimes ça, hein ? Hein, t'es une petite cochonne ? Hein, t'es ma salope ? Dis-moi que t'es une cochonne. »

N'obtenant qu'un « hum hum, oui » de ma part, il a expédié l'acte, a laissé la bouteille de champagne fermée sur le bord de la fenêtre et m'a dit : « Moi, je vais aller faire un tour. »

22. Je prends les mêmes

Je n'ai rien contre les mots crus, je trouve même cela plutôt excitant, mais à condition de l'être, excitée ! Je suis partie au bout de cinquante minutes, avec mon butin des deux heures et mon sachet de nougats que j'ai offert à mon buraliste, pour l'anecdote.

J'ai regardé nos échanges dans mon téléphone et ne m'étais pas trompée, il s'était présenté comme étant sapeur-pompier. Je ne sais pas ce qui l'a poussé à s'inventer un métier. Avait-il essuyé des refus auparavant en faisant preuve d'honnêteté ? Est-ce mon annonce dans laquelle j'évoque mes désirs qui l'a obligé à me tendre une carotte ? Ou est-ce que dans sa jeunesse, il avait été pompier volontaire et, comme les personnes qui mettent une photo de profil vieille de quinze ans sur les réseaux, il est resté bloqué dans le passé et dans son fantasme de lui-même ?

Surprise, je me suis sentie face à lui comme cette miss à qui Jean-Pierre Foucault dit : «Miss France est Miss Rhône-Alpes. Ah non, pardon, Miss France est Miss Bourgogne.»

Si Jean-Pierre ne t'avait pas dit que tu avais gagné, tu aurais mieux accepté la seconde place. Si je n'avais pas imaginé un beau pompier, je ne me serais pas sentie bernée et aurais passé outre son physique ingrat.

— Tu as déjà fini ? Le pompier n'a pas réussi à allumer la lance à incendie ?

— Chacha, ne m'en parle pas !

— Tu t'es fait prendre à ton propre piège, l'Ibis à Perrache, franchement Mathilde, je te pensais plus professionnelle que cela, tu me déçois !

— Mais, il devait être pompier !

— Les pompiers éteignent les feux, Mathilde, ils ne les allument pas! Passe à la maison, tu as de la chance, je suis prête.

Après avoir camouflé durant des années mon passé d'*escort* à celle qui était ma cheffe il y a trois ans quand je faisais des extras au Novotel Gerland, et qui à présent est devenue une de mes meilleures amies, je n'ai pu me retenir de lui apporter mon expertise quand un jour elle m'a dit : «Je crois que mon mec se tape des putes.»

Mes confidences sur le sujet ne l'ont pas vraiment rassurée sur sa relation de couple, mais je crois lui avoir au moins donné une vision plus élargie des prostituées.

— Mathilde, je ne vais pas te dire que tu as raison et que nous devrions toutes faire cela, mais ta vision des choses et ton empathie font de toi une personne saine. Tu as toujours un mot gentil et une attention bienveillante, même en me narrant tes histoires avec tes clients. Tu es un peu barrée, c'est vrai, mais je n'ai pas besoin de faire beaucoup d'effort pour comprendre tes choix. Je ne suis pas certaine de pouvoir faire cela, bien qu'en réfléchissant, tous les mecs qui m'ont sautée ne me plaisaient pas forcément. Je me suis souvent donnée dans l'espoir de recevoir quelque chose, de l'affection, de l'intérêt ou même une pinte de bière!

— Pour une pinte de bière, je ne donne même pas l'heure!

— Menteuse! Pour un sourire, tu engages la conversation avec n'importe qui!

23. JE VEUX UN *ESCORT BOY*!

Nous sommes à la fin de l'été 2019. Je me suis arrêtée chez le caviste prendre du vin rouge, un Saint-Joseph de chez Chapoutier, une planche de charcuterie chez Sibilia, une de fromage chez Mons pour un apéro dînatoire avec Aurore et Chacha. Une *playlist* Deezer tourne et Dadju chante :

« Moi, tomber amoureux de ce genre de fille, J'aurais jamais cru ça, Je rajoute un millier d'euros, pour que tu deviennes l'amour de ma vie, Encore un millier d'euros, pour que les autres hommes tu les oublies »[6].

— On fait quelque chose vendredi ?

— Je ne peux pas, j'ai un rendez-vous à l'Intercontinental avec Sébastien.

— Sébastien ?

— Un client que j'ai déjà vu, il y a quelques semaines au Sofitel Bellecour. Beau gosse d'après mes souvenirs, même si je ne me rappelle plus vraiment à quoi il ressemble ! Mais, je me souviens

6. Dadju, *Escort.*

avoir passé un moment agréable et mon commentaire sur lui est positif, donc la soirée devrait être sympathique.

— Ton commentaire? Tu tiens un fichier avec des commentaires sur tes clients?

— Oui, ainsi je me souviens de qui est qui! De ce que j'ai raconté, ce qu'ils font dans la vie, ce qu'ils aiment au lit, l'âge de leurs enfants, la destination de leurs dernières vacances et quelle tenue je portais lors de notre rendez-vous, pour ne pas arborer deux fois la même. Et quand je les revois, je sais à quoi m'attendre. En plus, ils sont toujours contents que je me rappelle d'eux et de leurs particularités!

— Pas bête, remarque! Tu nous lis ce que tu as écrit?

— Lundi 8 juillet 2019, 20 h, Sofitel. Sébastien, 37 ans, tête de jeune homme BCBG, verre de rosé au bar de l'hôtel, discussion sympa, gère cinquante collaborateurs chez Canon, sexe cool, belle queue, petite fellation, a fait beaucoup d'interruptions pour ne pas éjaculer, m'a prise en levrette, je lui ai grimpé une minute dessus avant qu'il ne jouisse. Voilà, fin du commentaire!

Les filles explosent de rire.

— Mais tu es complètement folle, Mathilde! Tu m'as tuée de rire! Tu en as un autre? me demande Chacha.

— Au hasard : 2 août 2019, Hôtel Kyriad, Saint-Genis-Laval, 13 h. Jérémy, en fait s'appelle Abdel, m'avait donné un faux prénom, rebeu, chef d'entreprise dans les solutions digitales, adore se faire tirer les boules, m'a kiffée de fou, hyper sympa, BL MSG. Ah oui, je me souviens de lui.

— Que signifie BL MSG?

— Blacklisté voir les messages! Je me rappelle très bien pourquoi, finalement, après notre rendez-vous plutôt agréable, je l'ai bloqué. Il a essayé de me mettre une certaine pression en m'envoyant des messages pour que nous ayons une relation d'ordre privé et non tarifée.

— Sérieux, il a eu un coup de cœur !

— Il a eu un coup de cul plutôt ! Il ne veut juste plus payer. Et sous prétexte que j'ai été sympathique, il tente. Il n'y a eu aucune connexion intellectuelle entre nous ni sexuelle d'ailleurs. Il y a Tinder pour baiser gratis, et moi je n'ai pas de profil sur Tinder !

Je parle librement avec toutes mes amies de mon mode de rencontres, le cacher voudrait dire que cela est honteux et ce n'est pas ainsi que je le vis ni le perçois. Ce n'est peut-être pas conventionnel, c'est même sûrement plutôt anticonformiste, mais je l'assume. Je leur narre mes histoires, comme elles me racontent les leurs. Alors, il y a plus de sexe dans les miennes, mais n'est-ce pas l'ingrédient que nous mettons à toutes les sauces ? Cette épice que nous ajoutons et qui vient relever n'importe quel plat en manque de saveur ? Ce petit « piment » qui anime nos soirées, nos conversations, nos pensées ?

Entre mes rendez-vous, je passe l'été 2019 à faire la fête, à partir en week-end avec mes copines.

Je retrouve une amie marseillaise de longue date et nous choisissons Bordeaux comme point de chute. Nous louons un hôtel 4 étoiles pour célébrer son mariage à venir.

— Mathilde, je vais me marier et j'ai envie d'un délire. Il n'y a qu'avec toi que je peux faire cela, j'ai envie de commander un *escort boy* !

— Donc, ce n'est pas une légende, les femmes se sont vraiment transformées en mec !

23. Je veux un escort boy !

— J'ai envie d'essayer une fois dans ma vie ! Je ne vois pas pourquoi il n'y aurait que les hommes qui pourraient s'offrir ce petit plaisir !

— Mais, je suis entièrement d'accord avec toi. Je vais appeler la conciergerie de l'hôtel, je suis certaine qu'ils vont pouvoir nous dégoter cela !

— Allo, bonjour. Je suis dans la suite 720, j'aimerais savoir si vous avez des numéros de téléphone d'*escorts* à me transmettre ?

— Oui, madame, absolument, nous avons cela. Quel profil désirez-vous ?

— Deux hommes, trentenaires et plus.

— Je suis navré, madame, je n'ai que des *escorts* femmes.

— Je trouve cela inadmissible. Vous devriez faire preuve d'un peu plus de parité dans la sélection de vos services, cher monsieur, et penser à votre clientèle féminine. Satisfaire votre riche clientèle masculine n'est plus suffisant !

— Je vais faire remonter vos suggestions, madame, mais je ne suis pas certain que des hommes proposent ce type de services.

— Détrompez-vous, les sites d'*escorting* sont remplis d'offres.

— Je prends note et vous informe, madame, que je quitte mon service à minuit.

— Dois-je comprendre que vous souhaitez pallier votre manquement ?

— Absolument, madame.

Le dévouement du personnel des hôtels de luxe n'a pas de limite, et ce jeune homme a vu en cette demande la chance de sa vie : deux nanas, saoules, euphoriques et prêtes à commander deux *escort boy*s. Il s'est offert gracieusement à mon amie et j'ai quitté la chambre, je n'avais pas de vie de jeune fille à enterrer !

Cet été-là, je prends la première trace de cocaïne de ma vie, parce qu'il faut bien essayer et que : «Non, mais ne t'inquiète pas, ça ne fait rien». Mais si la drogue n'a aucun effet, pourquoi en prendre ? Tout le club l'Imprévu s'en souvient encore ! Je suis déjà un peu *speed* en temps normal, mais là je suis déchaînée. J'ai un trop-plein d'amour, le moindre inconnu que je croise devient mon meilleur ami et si j'aperçois un ami, mes sentiments sont décuplés à la puissance mille. Comparable à de la MDMA, paraît-il. Je n'ai jamais tenté, mais il se dit que faire l'amour sous MD c'est magique, incroyable.

C'est dans cet état un peu euphorique, mêlé à l'envie de nouveauté et de changement que j'accepte l'offre festive de deux quarantenaires de passage à Lyon. «En revanche, les garçons, je ne fais pas de double pénétration, ni d'anal. Je veux bien venir m'éclater avec vous le temps d'une soirée, faire la fête, rigoler, mais je ne propose rien avec le mot double !»

Les amatrices d'anal doivent penser que je manque quelque chose. Il paraît que la sodomie et la double pénétration sont d'un plaisir incomparable. Concernant le fait d'avoir deux hommes pour soi, l'idée est excitante, non ?

«Mathilde, raconte-nous des histoires loufoques, des trucs un peu cocasses. » On me demande souvent cela, j'intrigue, j'éveille la curiosité et je dois avoir des anecdotes. De préférence, une histoire un peu crade, flippante ou alors très cochonne. Oui, surtout très cochonne !

Je pars à la rencontre de ces deux apollons sportifs et éduqués, deux avocats en costume cravate et en chaussures soigneusement cirées, dans une jolie villa avec piscine, en location Airbnb dans la campagne lyonnaise. Une discrétion absolue,

23. Je veux un escort boy !

une soirée où le fantasme peut laisser place à la réalité. Deux hommes pour me satisfaire, me combler. N'est-ce pas une chimère des plus communes chez la femme? Se délecter de l'un, quand l'autre se délecte de soi. Sentir la virilité et le plaisir du premier dans la douceur de notre bouche quand le second satisfait notre excitation par des va-et-vient torrides entre nos cuisses. Un dans la bouche, un dans la chatte, certaines ajoute-ront : «et un dans le cul». Mesdames, n'ayons pas honte. Oui, c'est excitant de se laisser guider, s'abandonner à nos désirs, être au centre de l'intérêt, l'être à combler, à extasier. Un homme expose ouvertement ses désirs, son fantasme de deux femmes, deux déesses qui lui procurent une fellation à deux bouches et dont les croupes lui sont tendues en offrande. Je suis sûre que nous sommes nombreuses à avoir entendu notre compagnon l'évoquer, «en plaisantant». Combien d'entre nous ont osé la répartie : «Je me taperai bien un autre mec avec toi. Que vous me bouffiez tous les deux la chatte en même temps. Vous regarder vous caresser. Et que je puisse passer d'une queue à une autre au gré de mes envies.» Ouh là là! Vulgaire!

Mais cette expérience qui faisait mouiller ma culotte sur le trajet du rendez-vous a été un fiasco. Apollon et Apollon bis n'ont pas survécu à leur petite sauterie. «Apollon, tu me reçois? Je crois que la fusée ne veut pas décoller!»

Je ne sais pas si nos corps réagissent différemment ou si c'est la qualité du produit qui procure des effets contraires, mais pour certains la cocaïne démultiplie l'endurance, pour d'autres cela coupe l'herbe sous le pied.

J'avais promis du cochon, j'en suis restée aux fantasmes. Faire la fête correctement n'est pas donné à tout le monde!

Nous avons picolé, dansé, sniffé. Baisé, en revanche, non, pas vraiment. Quand l'un ne peut pas bander, l'autre ne veut pas l'abandonner! Ce duo de Maîtres a plaidé la solidarité, alors nous avons fait un karaoké! S'ils m'avaient dit : «Ce soir, chérie, tu vas chanter dans nos micros!», j'aurais pensé à une métaphore comique, pas à une réalité.

Alors, plutôt que de tester de nouvelles expériences sexuelles décevantes (!!), je réfléchis à l'élaboration d'un nouveau projet professionnel en parallèle de mes rendez-vous.

24. Tu n'es pas ma pute

En septembre 2019, je décide de lancer une chaîne YouTube :
«Comment allier abdos et apéros», vendeur et alléchant, non ?

— Mathilde, ma fille, dans quoi te lances-tu encore ? Tu ne
pourrais pas avoir un travail normal comme tout le monde ?

— Le Web, c'est l'avenir, maman.

— Tout ceci me dépasse, les réseaux sociaux, YouTube, ce n'est
pas un travail.

En échange de la refonte des textes de son site Internet et de
petits travaux administratifs, un ami dirigeant d'un studio vidéo
me prête les services de son caméraman et de son monteur. Une
copine dans la communication s'occupe de la mise en page de
ma plaquette commerciale, contre un bon resto. Je démarche
des enseignes de sport pour avoir des remises sur le matériel,
je contacte des salles d'escalade, de boxe et des sportifs de haut
niveau pour tester leur discipline, et me rapproche de restau-
rateurs pour cuisiner avec eux. J'ouvre un compte Instagram,
achète des formations «comment devenir influenceur». Je tente
de comprendre les codes de ce milieu et de ce nouveau métier.
Je poste des *stories* quotidiennement, tourne des vidéos plus

professionnelles avec les partenaires qui l'acceptent. Je passe des heures, des jours, des nuits pour augmenter mon nombre de *followers*. J'organise des jeux-concours pour faire gagner des séances d'essais ou des places pour des événements sportifs.

«Will, tu peux me donner des places pour l'événement que tu sponsorises, j'aimerais organiser un concours sur ma page Instagram?» Comme promis, à son retour des États-Unis, nous nous sommes revus. Will est devenu mon ami, mon mentor. Il m'invite aux réceptions qu'il organise, me présente à ses associés, me garde une place dans les loges VIP lors des événements qu'il sponsorise. Il dit de moi que je suis sa *coach*. Il ne fait pas de sport, tout le monde le sait, mais tous font semblant de croire à notre petite mascarade. Moi, je trouve cela amusant. Il prend de mes nouvelles quand je suis malade, déjeune avec moi pour parler business, règle les problèmes de ma voiture quand elle en a. J'ai un immense respect et une grande admiration pour cet homme. Son parcours est incroyable et sa simplicité exemplaire. J'aime quand il me fait l'amour, et ce, depuis la première fois, et j'aime passer du temps à ses côtés. Lui doit certainement apprécier la jeune femme que je suis, au-delà de l'aspect sexuel de notre relation. Il me dit que le plus important dans la vie, c'est d'être heureux et que le reste a peu d'importance, je suis d'accord avec cette philosophie. Je ne sais pas s'il voit d'autres *escorts* ou si je suis sa seule maîtresse, mais si un jour nous n'avons plus de relation intime, il fera toujours partie de mon entourage. Je compte pour lui et j'ai une place particulière. Il m'intègre à sa vie personnelle, il m'a conviée à son déjeuner d'anniversaire avec ses plus proches amis. Nous étions une dizaine à table, j'étais la seule femme.

— Tu crois, Will, que les gens que tu me présentes pensent que je suis ta pute ?

— Mais, d'abord, tu n'es pas ma pute.

Je ne sais pas ce que je suis pour lui, mais il est l'exemple même de pourquoi j'aime faire ce type de rencontres. Parce que oui, au-delà de l'aspect tarifé et sexuel, un client et une prostituée peuvent tisser de véritables liens. Je connais dorénavant ses amis et lui ai présenté certains des miens.

En parallèle de la création de ma chaîne YouTube, je ne réponds qu'aux demandes de mes clients habitués et aux hommes d'affaires de passage dans les hôtels de luxe. Je programme très peu de rendez-vous, j'ai un roulement qui suffit à mes besoins essentiels. J'ai la tête dans mon projet, comme à chaque fois que j'entreprends quelque chose, je n'ai pas la place pour le superflu. Les mois passent, je recule le lancement de la chaîne, les montages des vidéos ne me plaisent pas. J'installe un logiciel sur mon ordinateur, tente de me former via des tutos, pas si simple avec du matériel grand public et une aversion pour l'informatique. La fin de l'année approche, nous sommes déjà au mois de décembre 2019.

Quelques jours avant le soir de Noël, comme régulièrement, nous dînons en tête à tête avec Tom, mon ami restaurateur. C'est notre repas de fin d'année. L'après-midi, il me téléphone : « Je t'ai prévu un petit cadeau, ma Mathilde. »

Mince, je n'ai rien ! Je file à la maison de la presse pour acheter une pochette de jeux à gratter, je trouve que cela met toujours une ambiance sympathique d'imaginer devenir millionnaire en l'espace d'un instant.

— Math', on fait quoi si on gagne le gros lot ?

— Pour commencer, je rends riches tous les gens que j'aime. Et ensuite, je deviens *business angel* et j'investis dans des start-up.

— Moi, je te fais un enfant !

Souvent, il me dit cela : « Tu es la femme de ma vie, mais tu ne le sais pas encore ! » Face à face à l'apéro, après avoir gagné 5 euros et vu nos rêves s'envoler, il me tend un paquet entouré de papier journal. J'ôte l'emballage et découvre une boîte carrée de chez Louis Vuitton, le packaging pour les ceintures noué d'un tissu rouge. J'ouvre le petit tiroir et le parfum de Tom m'embaume les narines instantanément. Une feuille blanche est pliée en quatre, sur laquelle est écrit au crayon de papier :

« Mathilde,

Juste ce petit message pour te dire que je t'aime... Ça fait toujours du bien de l'entendre. Nos dernières années n'ont pas été faciles à tous les deux, mais c'est censé nous rendre plus forts... Moi, j'espère bientôt prendre mon envol vers un nouveau projet... Voilà, je ne suis pas le meilleur pour les messages, tu me connais (lol). Tu es et tu resteras MA MATHILDE, ma pote, ma confidente, la plus jolie, la plus tarée, peut-être un jour dans mon lit (mdr). Je t'aime. »

Signé de son prénom et de son nom de famille.

J'aurais pu pleurer, car recevoir une lettre est le cadeau le plus touchant. Il n'est pas question de matériel, mais d'émotions et de sentiments, ce qu'il y a de plus précieux dans la vie.

« Les paroles s'envolent, les écrits restent »[7].

2020 est là. J'ai mille *followers* sur Instagram, bien loin des cinquante mille nécessaires pour commencer à envisager des

---

7. Du latin « *verba volant, scripta manent* ».

partenariats lucratifs. Je commence à m'essouffler et le vent Covid arrive. Les hôtels se vident peu à peu. Mes demandes de rencontres s'annulent. La sentence tombe : *stay at home.*

— Je te l'avais bien dit, Mathilde, que c'était grave. Tu n'as pas voulu prendre les choses au sérieux, comme à chaque fois.

— Oui, en effet, ma petite maman, tu as sans doute raison. Mais qui aurait pu croire à tout ceci ? Qui aurait imaginé que nous soyons un jour contraints de rester enfermés chez nous ? Heureusement, avec Chacha nous avons passé un week-end de folie à faire la fête dans Lyon !

— La fête n'est plus d'actualité, Mathilde. Promets-moi de rester chez toi, de ne voir personne, de ne prendre aucun risque.

Ne prendre aucun risque, c'est peut-être trop tard pour moi. Durant les deux premières semaines de mars, j'ai vu un homme qui revenait du Gabon et un autre de Chine. Je suis sûrement malade, j'ai peut-être contaminé mes copines. Ne voir personne, ma vie n'est faite que de rencontres, j'ai repris l'*escorting* il y a six mois. Ne pas sortir, se couper du monde, tout ce qui fait partie de mon quotidien s'effondre comme un château de cartes. Comme pour beaucoup d'entre nous, ma vie est complètement chamboulée. Je m'inquiète pour mon amie Aurore, réanimatrice à présent dans les hôpitaux de Lyon : « Pour le moment, ça va, nous manquons de matériel, mais pour le moment on gère. »

Je m'inquiète également pour ma maman qui a 68 ans et qui doit se couper du monde, de ses petits-enfants. Je m'inquiète pour mes consœurs, celles à qui bien souvent on prend tout et qui n'ont pas grand-chose. Will s'inquiète pour moi : « Holà

24. Tu n'es pas ma pute

Chica, comment tu vas ? Reste chez toi, je passe te voir dès que possible, ce n'est qu'un mauvais moment à passer. »

Un mauvais moment à passer ? Je reste en boucle devant CNews un jour, deux jours, trois jours, je suis comme un lion en cage.

25. Les invisibles

Avril 2020, cela fait presque un mois que la France est confinée et que je n'ai pas pu faire de rencontres. Le climat actuel est trop tendu et les risques sont très élevés. Nous n'avons pas suffisamment de recul sur cette nouvelle maladie et mon activité fait partie de celles qui sont le plus exposées directement, mais comme il m'est impossible d'exercer avec un masque et de respecter les distanciations sociales, je me suis mise à l'isolement, en attendant d'en savoir davantage.

Je fais partie des indépendantes sans statut, des travailleuses de l'ombre non reconnues. Alors, en temps de pandémie, nous n'avons eu aucune aide, aucun soutien ni pensée de la part de l'État. Et les médias de leur côté ont fait fi de notre cas. La prostitution n'existe pas en France, et les prostituées encore moins. Il y a bien celles qui exercent au bord de la route dans une camionnette. Celles que nous croisons le soir en promenant notre chien et qui déambulent le long des quais ou des rues, devenus, par leur présence, malfamés. Celles aux abords des campagnes qui donnent l'impression de vivre dans leur fourgonnette et qui semblent ne jamais quitter leur emplacement. Celles que nous ne voyons pas, les filles d'Internet. Qu'importe, c'est un véritable fléau pour les villes et leurs habitants. Alors, ne plus voir ces jeunes femmes qui drainent un public dégoûtant, c'est un soulagement, presque une victoire pour certains. Cette soi-disant main-d'œuvre aux mœurs légères ne manque pas et n'intéresse personne. Comment avons-nous fait pour vivre et payer nos factures durant ce premier confinement? Cela n'inquiète personne. Notre détresse est silencieuse, donc sans encombre. Nous ne sommes pas en mesure de nous exprimer. Notre statut bancal, la pression honteuse de la société, le sentiment d'être des pestiférées qui n'ont pas de droits, mais qui devraient tout de même s'acquitter de certains devoirs, nous empêchent de nous exposer publiquement. Alors, qu'importe notre devenir au regard des autres, nous n'avions tout simplement pas à emprunter cette voie.

Moi, il me restait quelques économies, mais pas suffisamment pour faire passer les risques liés à la COVID-19 avant ma source de revenus principale. Et même si j'ai appris à vivre seule, je ne suis pas de nature solitaire. J'ai besoin de rencontres pour me sentir vivante.

2020 devait être l'année de la gloire. L'année 20/20. Jamais nous n'avions pensé à la soustraction 20-20 = 0.

Alors, que se passe-t-il à présent? J'ai pour habitude de me lever tôt, à 6 h 15, parce que même si je n'ai pas d'heure de bureau, de règles à respecter, je me fixe un cadre horaire, hors de question de traîner au lit jusqu'à 10 h. Quand le soleil se lève, je veux vivre avec lui et vais m'entraîner au CrossFit à la séance de 7 h du matin. Mais, même le sport, garant de notre bonne condition physique, nous est enlevé. Dorénavant, je tente de dormir jusqu'à 8 h pour que la journée ne soit pas trop longue.

Je branche les informations, déprime devant les annonces de Pascal Praud. Je coupe la sonnerie de mon téléphone professionnel, ne le recharge pas et il s'éteint de lui-même.

Je perds le goût de la représentation et ne poste plus rien sur les réseaux sociaux. Je conserve mes habitudes de sportive, j'ai un peu de matériel à la maison, la chance d'avoir de l'espace. Alors, je m'entraîne dans mon salon, tous les jours. À 9 h, je fais du sport et à 11 h, je roule mon premier joint. Je fais cela durant un mois entier. En temps normal, je suis une consommatrice très occasionnelle. En revanche, je ne touche pas une seule goutte d'alcool, pas certaine que cela mérite un bon point. Je ne vois personne, ne fais pas d'apéro *FaceTime*, ne réponds même pas aux appels de mes copines. Je suis triste, n'ai pas envie de faire de visio, je veux voir des gens en vrai, pas à travers un écran. Ma vie me manque et mes escapades aussi.

Je mens si je dis que j'ai été plus forte que moi-même durant ce premier confinement. Je ne lis pas une seule ligne d'un livre, ne fais le tri dans aucun de mes papiers, ne vide pas mon dressing. Certains jours, j'ai même envie de mourir. Fort heureusement, je ne le fais pas non plus. Les semaines passent, sûre de ne pas être contaminée ou contagieuse, je revois mes copines, un brunch par-ci par-là sous couvert d'une attestation «motif familial impérieux». Vivre seule oui, vivre isolée non.

Je me crée un compte Tinder, mais faire des connaissances virtuelles presque à l'aveugle pour rencontrer des mecs qui veulent juste me sauter... cela ressemble un peu trop à l'*escorting*, sans le petit plus qui va avec. D'ailleurs, Élie m'a rapporté qu'il y avait de plus en plus d'*escorts* sur Tinder. Les photos sont explicites et il y a un petit smiley € dans la description.

En mai 2020, toujours pendant le confinement, j'effectue une sortie VTT avec une amie rencontrée pendant mes séances au CrossFit. Nous nous connaissons peu, mais vivons dans la même campagne. Et durant cette période d'enfermement, il est presque vital de se trouver des alliés proches de chez soi. Élise est une femme divorcée de 40 ans et maman de deux enfants. Bien que nous ayons des discussions de tous bords, je n'ai jamais évoqué avec elle ma double vie. Ce n'est pas un sujet que j'engage lors d'une amitié naissante. Je sais d'expérience que la confiance s'acquiert. Nous chevauchons nos vélos depuis trois heures à travers forêts, vignes et champs quand, à la sortie d'un virage menant à une zone pavillonnaire, je tombe nez à nez, face à Coco, poussette à bout de bras. Nos regards se fixent, nous n'échangeons pas un mot. Huit ans plus tard, notre amertume n'a pas disparu.

J'avoue avoir marmonné quelque chose de désagréable à son égard.

— Tu la connais, vous sembliez vous fixer ?

— Une vieille connaissance Élise, rien de plus.

26. TEST PCR NÉGATIF

Je rallume mon portable professionnel le 10 mai 2020, veille du déconfinement. Seule une dizaine de personnes avaient tenté de me joindre. Le 11, mon téléphone s'affole. Vous aussi, vous voulez vivre, apparemment. En quelques heures, je suis inondée d'appels et de demandes de rendez-vous. J'ai le sentiment que tous les hommes ont besoin de lâcher prise après cette période d'enfermement. Les célibataires ont fait une surconsommation de films pornos, de sites de rencontres et de solitude, ceux en couple, une *overdose* de leur partenaire. Je ressens la détresse humaine, l'envie inconditionnelle de vivre et le besoin d'insouciance de chacun. La maladie est loin et n'existe plus, tout du moins l'espace d'un rendez-vous.

« Bonjour, Mathilda, enfin nous sommes libres ! Peux-tu venir chez moi à Lyon Croix-Rousse, le temps d'une soirée ? Je suis négatif, test effectué ce jour. Pascal, 48 ans, respectueux, physique normal. »

Ceci est une des nouveautés post-Covid. Je n'ai jusqu'alors jamais reçu de bilan de santé de la part des hommes, aucun ne m'a jamais écrit ou dit : « Je n'ai pas de MST ». À présent, je reçois leur résultat PCR par MMS. Mais, les risques de la maladie ne m'inquiètent plus, je ne suis normalement pas sujette à la forme grave. C'est entrer de nouveau dans un mode de séduction après deux mois d'isolement qui est difficile, comme lorsque nous arrêtons le sport, chausser des baskets et partir courir devient l'épreuve d'une vie. Je n'ai pas arrêté l'activité physique durant le premier confinement, mais comme la majorité d'entre nous, j'ai traîné en jogging dans mon appartement, mangé des chips et des gâteaux devant des séries Netflix. J'ai grossi, déprimé et j'ai laissé la nature envahir mon corps. Je n'ai pas des poils aux jambes, mais presque des cheveux, mes mains ne savent plus ce que c'est d'être manucurées, je ne me souviens plus de mon visage maquillé et mon dernier brushing date de trois semaines. Je dois me débroussailler, me dépoussiérer, revenir à l'état social, enfiler mon costume de séductrice pour répondre de nouveau aux appels. Et à l'image d'une télévendeuse qui récite sa trame qu'elle connaît par cœur, mon discours au téléphone est toujours le même, et les automatismes reviennent rapidement. Je connais mon texte sur le bout des doigts, maîtrise parfaitement le déroulement de l'entretien dissimulé que je fais passer aux hommes, il est identique pour tous. Tout est rodé, carré, je mène la conversation. J'établis un contact amical, mais courtois, dès les premières secondes. Je taquine mon interlocuteur, sur le foot s'il vient de Paris ou sur la météo s'il est originaire de Lille. Je sonde ses réactions, j'ai besoin de deviner l'homme qui se trouve derrière le combiné et qui est en mesure de me raconter ce qu'il souhaite. Alors, je le juge en me fiant à la charte que j'ai mise au point et que je travaille depuis des années.

Est-ce qu'il parle normalement ou au contraire parle-t-il tout doucement ? Est-il jovial, avenant, naturel ? Est-il gêné quand il m'exprime un désir, un fantasme ? S'offusque-t-il quand je lui pose des questions personnelles, sur son domaine d'activité, par exemple ? Est-il enclin à se dévoiler pour me rassurer ? Ou reste-t-il distant, sur la défensive et désireux de conserver toute forme d'anonymat ?

— Vos questions sont bien trop intrusives, mademoiselle. Je ne vous contacte pas pour vous séduire.

— Dans ce cas, nous n'allons pas aller plus loin dans l'échange, monsieur. Vous ne correspondez pas aux hommes que j'aime rencontrer.

L'entendre s'exprimer me permet de le catégoriser, la voix dévoile certains aspects de la personnalité. J'aime percevoir le sourire, la sympathie et l'honnêteté dans le timbre des cordes vocales. Notre conversation doit être fluide, à l'image d'une téléconseillère chez Orange qui converse avec un abonné potentiel. Tout doit paraître parfaitement naturel et spontané pour que mon interlocuteur ne se déshumanise pas et n'oublie pas que, même si notre relation est tarifée, je suis une femme, non pas un objet.

Je ne prends pas un rendez-vous en pensant que je vais avoir une relation sexuelle avec un homme que je ne connais pas, je pense seulement que je vais découvrir une nouvelle personne. Une personne que j'aurai sélectionnée avec attention. Peut-être sera-t-elle intéressante, l'hôtel agréable, le champagne frais et que je me laisserai aller naturellement et prendrai du plaisir en plus de l'argent.

— Bonjour, Mathilda, je fais suite à votre annonce qui a retenu toute mon attention. Je m'appelle Stéphane, j'ai 49 ans je mesure 1m80 pour 78 kg, j'ai les yeux bleus, les cheveux bruns. Je suis directeur d'un aéroport et mon look est assez sportif. J'ai une hygiène irréprochable. Pouvez-vous me préciser vos conditions ainsi que vos prestations ? Au plaisir de vous lire. Cordialement votre Stéph.

— Bonjour Stéphane, merci pour votre message et votre charmante présentation. Je vous propose que l'on s'appelle pour échanger de vive voix. Quand seriez-vous disponible ? Bise Mathilda.

Je décide de répondre à son message, car il correspond à mes critères de sélection et semble pouvoir m'offrir une soirée agréable pour cette sortie de confinement. Il est courtois et il s'est efforcé d'écrire sans fautes d'orthographe, et en faisant des phrases correctes. Et même si son message est un copier-coller qu'il fait parvenir en grand nombre auprès de mes consœurs, il a pris soin de personnaliser son introduction, bien que très formelle. Il m'a fait une description de lui plutôt alléchante et a mis ses atouts physiques en valeur pour me séduire. Il me parle de son statut social pour me rassurer, la casquette du dirigeant peut raisonner comme un gage de sécurité. Il entre dans le détail de son secteur d'activité, car cela assoit encore plus son sérieux, et il marque d'autant plus de points avec moi. La sécurité, le sérieux, mais surtout l'aviation, je connais bien cet environnement et ne me lasse jamais des soirées à discuter avec les pilotes ou autres acteurs de l'aéronautique.

— Je peux vous appeler maintenant ?

— Oui.

***

— Bonjour Mathilda, c'est Stéphane. Votre annonce m'a beaucoup plu et j'aimerais connaître les modalités pour avoir la chance de vous rencontrer.

— Bonjour Stéphane, merci beaucoup. J'apprécie le vouvoiement, c'est respectueux et primordial pour moi. Je n'aime pas que l'on me tutoie au premier abord et je note votre bonne éducation. Mais si vous êtes d'accord, pensez-vous que nous puissions nous tutoyer maintenant ? Ce sera plus agréable et convivial pour échanger.

— Oui, bien sûr, avec plaisir.

— Avant toute chose, Stéphane, j'aime savoir à qui j'ai affaire. Tu m'as fait une petite description dans ton message et je t'en remercie, mais tu ne m'as pas dit si tu es de Lyon ou de passage ?

— Je suis Lyonnais, de Caluire. J'ai 49 ans, je suis dynamique, sportif, épicurien et j'aime profiter de la vie ! Je peux même ajouter, sans aucune prétention, que l'on dit de moi que je suis bel homme.

— Dynamique, sportif, épicurien et bel homme ! C'est un cocktail explosif de qualités ! Attention à ne pas me décevoir ! Est-ce que tu as vu que je me déplace uniquement, je ne reçois pas, c'est quelque chose qui peut te convenir ?

— Oui, je peux te recevoir chez moi, je vis seul.

— Parfait. Pour moi, Stéphane, c'est très important que ce soit un véritable moment de partage au-delà du fait que la rencontre soit tarifée. Je fonctionne au *feeling* et les deux parties doivent prendre du plaisir. C'est un échange humain. Je suis une occasionnelle, j'accepte peu de rencontres, je me laisse aller au gré de mes envies et de mes désirs.

26. Test PCR négatif

— Je ne recherche surtout pas une professionnelle qui soit dans le mécanisme. J'ai besoin de quelque chose de naturel, de passer une agréable soirée sans prise de tête. Je suis divorcé et souvent en déplacement. Je souhaite simplement décompresser dans une ambiance joviale et festive.

— Super, nous sommes dans le même état d'esprit. Ensuite, pour entrer dans les détails techniques, si je peux m'exprimer ainsi, je suis plutôt ouverte, joueuse. Tous les rapports sont protégés et je ne pratique pas l'anal, ce n'est pas quelque chose que j'affectionne.

— Ce n'est pas ce dont j'ai envie. Je suis assez classique ! J'aime la féminité, je n'ai pas de déviance, du soft et de la bonne humeur me combleront !

— Concernant le tarif, le rendez-vous d'une heure est à 300 euros frais de déplacement inclus, et l'heure supplémentaire à 200. Je ne branche pas le chronomètre au quart d'heure près, si nous prenons le temps d'échanger autour d'une coupe de champagne et qu'il s'écoule quarante-cinq minutes, je ne vais pas te dire que je m'en vais dans quinze minutes.

— Tout ceci me convient parfaitement. Quand serais-tu disponible ? Combien de temps faut-il te prévenir à l'avance ?

— La veille pour le lendemain, le matin pour le soir. Dans tous les cas, pas d'une heure à une autre.

Le rendez-vous est donné pour le lendemain, vendredi 15 mai 2020 à 20 h, à Caluire.

27. PLUS FACILE QUE LA DRAGUE

Une heure avant de partir, je prends une douche et rectifie soigneusement mon épilation. J'enduis mon corps d'huile pour faire scintiller ma peau et lui déposer un doux parfum chaleureux de monoï. Je ne me maquille pas plus que d'habitude, de la même façon que pour prendre un verre avec mes amies ou que pour faire mes courses. Une base de CC Crème, un peu de poudre de soleil et du ricil. Ni rouge à lèvres ni artifices clinquants, j'aime la sobriété et l'élégance de la beauté naturelle. J'habille mes jambes d'une paire de bas couture que j'assortis à un body en dentelle fine et au balconnet pigeonnant. Je dissimule ma lingerie sous une jupe patineuse en denim noir, accordé à un chemisier col mao ouvert de trois boutons, pour laisser apparaître la naissance de mon décolleté. Pour finir ma tenue, je chausse des cuissardes en daim de 8 cm de talon carré et j'enfile un petit perfecto dans la même matière. Le temps est maussade, j'opte pour ce total look noir, un peu hivernal, mais j'aime cette tenue, je me sens bien et peux la porter dans ma vie de tous les jours. Elle est féminine, un brin sexy, juste ce qu'il faut. Elle n'est pas vulgaire et je n'ai pas l'air d'une pute, comme l'image que nous pouvons avoir des filles comme moi. Je ressemble simplement à une jolie jeune femme qui s'est apprêtée, pour se sentir séduisante. Je vérifie que j'ai des chewing-gums, ma brosse à dents de voyage et des préservatifs dans mon sac à main. Contrairement à Viviane, je ne les glisse pas dans mes cuissardes, mais tout comme elle dans *Pretty Woman*, j'en possède plusieurs sortes. Les Skin classiques effet peau pour les hommes qui me donnent envie, la version XL pour ceux que la nature a gâtés et les Durex Jeans, sensation plastique, pour ceux que je n'ai pas envie de sentir. Et je pars comme pour me rendre à une première rencontre Tinder, quelques textos et appels au préalable, puis un rendez-vous.

Je ne préviens personne, ne laisse pas d'adresse ni de numéro de téléphone, je ne veux toujours pas tracasser mes copines et les mêler à cela. Je ne peux pas donner la responsabilité à quelqu'un de se soucier de moi et de subir mes choix. Les risques, je les connais et je les assume, seule. Je n'ai pas de pression et n'ai pas peur. Je n'imagine pas qu'il puisse m'arriver quelque chose de désagréable. Je me soucie davantage de savoir si je pourrai fumer une cigarette en dégustant mon verre de vin ou si cet homme, qui se dit sportif, le sera au point de ne pas tolérer ma fumée. Je ne sais pas grand-chose de lui, mais je suis tellement habituée que cette situation est devenue banale. Et la découverte fait partie du jeu. J'ai les ingrédients de base pour une belle recette. Au milieu de tout, il y aura du sexe et dans le pire des cas, je passerai un moment quelconque, au mieux une bonne soirée.

Il me faut une trentaine de minutes pour traverser Lyon et rejoindre Caluire. Les rues sont encore désertes. Nous n'avons pas le droit de sortir de notre zone de cent kilomètres, mais nous pouvons à présent circuler sans attestation. Je stationne ma voiture un peu à l'écart de l'adresse indiquée, après avoir effectué un tour du quartier et repéré le lieu de rendez-vous. Comme toujours, je suis en avance, j'observe. Rien ne bouge, les volets sont clos. C'est une petite maison mitoyenne rose pâle. Elle n'est pas très belle, pas finie, mais vieillissante et donne sur la route principale. Le mur qui l'entoure n'est pas crépi, les parpaings de béton sont à nu. Je suis déçue, j'aime les beaux endroits, cela fait partie du charme des rencontres. Les voisins sont dehors dans leur jardin, les enfants jouent avec une carabine en plastique à tirer sur une cible pendant que les parents s'affairent à allumer le barbecue. Fond Rose, une annexe de Paul Bocuse, juste à côté, a ouvert sa vente à emporter. Les restaurants n'ont pas encore le droit de recevoir du public, alors des véhicules passent récupérer leurs plats. Cet établissement possède une des plus agréables terrasses dans ce secteur de Lyon. Seul le chant des oiseaux vient troubler le calme de ce parc ombragé et les gourmets en fin de repas, après quelques digestifs. C'est le genre de restaurant qui donne l'impression d'être en vacances à tout moment de l'année. À présent, il est sans vie et les oisillons n'ont plus rien à picorer en fin de service.

— Je suis arrivée.

— J'arrive.

Je sors de mon véhicule et attends sur la place. Il n'a pas vu mon visage et je n'ai pas vu le sien. Mais, comme je suis seule dehors, il ne peut que faire le rapprochement. C'est toujours le moment le plus délicat, à l'image d'un Kinder Surprise, tu ne sais pas ce que tu vas trouver à l'intérieur. Je n'ai pas d'appréhension, je suis dans l'expectative, alors bonne ou mauvaise pioche ?

Vais-je devoir faire un minimum d'efforts ou est-ce que le *feeling* sera lui aussi au rendez-vous ?

Deux minutes plus tard, un Range Rover noir arrive. Un homme d'allure agréable en descend. Ses cheveux sont bruns et coupés en brosse, ses yeux sont clairs et sa barbe de trois jours est bien taillée. Il paraît soigné et son apparence est sportive comme il me l'a indiqué lors de nos échanges. Il porte un jean, un polo bleu ciel et des baskets Nike de ville. Mais pourquoi arrive-t-il en voiture ? Aussi belle et luxueuse soit-elle, je n'aime pas cela : « Mathilda ? Bonjour, je suis enchanté de faire ta connaissance. Je t'ai donné rendez-vous ici, car le GPS ne trouve pas mon adresse. J'habite à deux cents mètres, tu me suis ? »

Notre premier contact est plaisant. Il s'est approché de moi en arborant un large sourire pour me faire la bise. Il a de belles dents et c'est le seul critère physique que je regarde chez un homme, je note ce point positif. Il a l'air jovial, sympathique et il sent bon. L'effluve du *Mâle* de Jean-Paul Gauthier embaume mes narines de ce parfum reconnaissable entre mille. Cette odeur familière se veut rassurante. Mais, même si d'aspect il paraît charmant, je suis un peu sur la défensive. Où va-t-il me conduire ? J'aime repérer les lieux avant une rencontre. J'analyse, c'est plus sécurisant. Je ne suis pas face au mur, je sais où je mets les pieds avant d'entrer, tout du moins de l'extérieur. Et je n'aime pas que l'on voie ma voiture, que l'on puisse enregistrer ma plaque d'immatriculation, je tente toujours de conserver une certaine forme d'anonymat avant de savoir à qui j'ai affaire. Mais je n'ai pas le choix, je ne vais ni monter avec lui ni même marcher à côté ! Alors, je le suis, à bord de mon véhicule.

Nous empruntons un petit chemin tout en montée pendant moins d'une minute et arrivons devant un immense portail en fer forgé. J'aperçois un parc derrière et remarque qu'il y a quatre boîtes aux lettres à l'entrée du domaine. Il y a des voisins, c'est une bonne chose, les endroits isolés sont inquiétants. Nous faisons trois cents mètres en remontant au travers d'un véritable écrin de verdure, longeons un court de tennis et arrivons face à une gigantesque demeure de maître qui est composée d'un rez-de-chaussée, puis de trois étages. La façade est beige pâle et les volets bleu pastel sont ajourés par un trèfle à quatre feuilles sur chacun d'entre eux. Je compte plusieurs sorties de toits de cheminée de part et d'autre de la toiture. Le lieu est majestueux et magique, à moins de cinq minutes de Lyon. Je gare ma voiture derrière la sienne. Une Maserati *black mat* est stationnée un peu plus loin ainsi que deux autres véhicules type Mercedes.

— C'est magnifique, Stéphane, le confinement n'a pas dû être trop difficile ici !

— Oui, c'est certain, mais la demeure est divisée en quatre. Moi, je suis seulement propriétaire du dernier étage. C'est mon entrée privée ici, il n'y a que moi, suis-moi.

L'endroit est incroyable. Nous empruntons un escalier en pierres blanches et montons les trois étages qui mènent à son appartement. Je suis ravie d'être là, j'admire, j'adore découvrir ce style de maison, j'aime l'architecture, la moderne, l'ancienne, les constructions en général. Je me sens comme un agent ou un promoteur immobilier, j'oublie pourquoi je suis ici et trépigne d'impatience à l'idée d'entrer dans ce lieu chargé d'histoire. Ma déception de la petite maison rose pâle est déjà bien loin et le commencement de ce rendez-vous me remplit d'excitation.

27. Plus facile que la drague

— Tu m'excuses, je rentre tout juste du Métropole. Tu connais, Mathilda, l'hôtel le Métropole à côté ?

— Oui, il y a un spa plutôt agréable d'ailleurs.

— Je suis membre de leur club de sport. Ils viennent de rouvrir le court de tennis, j'ai fait une partie avec un ami, c'est plus sympa qu'ici. Ne m'en veux pas si je suis encore *speed*, j'ai sauté sous la douche, pour ne pas être en retard à notre rendez-vous. Pour ce soir, je nous ai prévu un petit Châteauneuf-du-Pape de 2006. À moins que tu préfères le champagne ? Je suis passionné par le vin, j'ai toute une collection. Entre.

Il ouvre la porte d'entrée. Je pénètre dans une vaste pièce de vie chaleureuse et confortable. Le plafond est à la française et les poutres sont minutieusement vernies. Le sol est habillé d'un parquet en chevrons parfaitement ciré lui donnant un effet miroir. Un canapé Roche Bobois en velours bleu canard trône au milieu de l'espace et apporte le côté chic, sans pour autant être tape-à-l'œil. La cuisine est ouverte sur ce salon d'exception. Elle est blanche, moderne et dispose d'un îlot central faisant office de bar et de table à manger. Trois grandes portes-fenêtres surplombent les Monts d'Or et laissent entrer une luminosité éblouissante. Je jette un œil rapide autour de moi pour m'assurer que personne d'autre n'est à l'intérieur de l'appartement. Le lieu et l'homme m'inspirent confiance, il y a peu de chance pour qu'il m'arrive quelque chose de désa-gréable ce soir. Sans doute est-ce idiot d'être rassurée par une belle maison, mais les demeures luxueuses sont moins angois-santes que les barres HLM.

— Attends, viens, si tu as deux minutes je te fais visiter ma cave. Tu as deux minutes ?

— Oui, avec plaisir, j'adore, je suis une vraie épicurienne. Le vin et la gastronomie, c'est toute ma vie !

— Génial, nous allons bien nous entendre !

Nous ressortons de l'appartement, redescendons de quatre étages. Heureusement, je suis également sportive, car il va falloir les remonter, et en talons !

— Je participe à des ventes aux enchères. Je me suis aménagé un petit espace.

— J'ai déjà accompagné un ami faire l'acquisition de grands crus chez Anaf, j'ai trouvé cette expérience très atypique.

— Je connais très bien Jean-Claude Anaf et j'assiste régulièrement à ses ventes.

Il ouvre une petite porte en bois un peu branlante qui n'est sécurisée que par un tour de clef. La pièce voûtée forme un L. Les murs sont en pierres dorées et le sol est recouvert de gros graviers blancs. Deux fauteuils Chesterfield sont disposés à l'entrée, accompagnés d'une table basse, d'un bar équipé de quatre tabourets et d'une cave à cigares contenant plusieurs dizaines de variétés différentes. Autour de ce décor aux allures de club privé anglais sont soigneusement alignées, dans des casiers en bois, peut-être dix mille bouteilles, toutes plus poussiéreuses les unes que les autres. Je déambule au milieu des grands crus à la valeur inestimable et aux millésimes exceptionnels : Château Margaux, Mouton Rothschild, Montrachet, Cheval Blanc, Petrus, Cristal Roederer, j'ai presque des frissons et ai envie de les toucher. Là où, dans notre quotidien nous en faisons la chasse, ici la poussière de chacune des bouteilles semble être une feuille d'or. Il me connaît depuis à peine cinq minutes et je ne peux m'empêcher de penser qu'il est fou ou juste complètement inconscient, il

27. Plus facile que la drague

m'ouvre l'antre de son trésor. Et si je le volais ? Et si j'acceptais ce type de rendez-vous simplement dans l'intention d'effectuer des cambriolages par la suite ? Il y a des histoires sordides comme cela, les jeunes femmes servent d'appât, mais en réalité il y a toute une équipe derrière. La fille communique à ses partenaires de crime l'adresse, les codes d'entrée et elle laisse discrètement la porte entrouverte. La soirée prend alors fin très rapidement, bien souvent avec perte et fracas, mais généralement elle se termine en toute impunité pour les malfaiteurs.

Un homme m'a rapporté une fois s'être retrouvé nu au milieu du hall d'accueil au Novotel Lyon Nord. Alors qu'il était sous sa douche, en début de rendez-vous, la fille en a profité pour tout lui dérober et partir à la sauvette. Il est sorti de la chambre à sa poursuite sans prendre le temps de se vêtir ni même d'attraper une serviette de bain. Après une course dans les couloirs de l'hôtel, il s'est retrouvé en tenue d'Adam face à la réception-niste, qui lui a gentiment proposé d'appeler la police. Mais que veux-tu faire ? Avoir recours à ce type de service est strictement interdit. Depuis 2016, la loi « pénalisation des clients » est entrée en vigueur. Nous avons donc à présent un statut officiel de « victime » plus glorifiant, paraît-il, que celui de « pute ». Quant à nos clients, ils doivent s'acquitter d'une amende de 1 500 euros s'ils se font prendre la main dans le sac ou plutôt la queue hors du pantalon. Alors, informer les services de police, c'est se risquer à une double peine et n'est-ce pas plus sage de dire à son épouse : « On m'a volé mes affaires dans le train » ? Mais, étonnamment, cette mésaventure ne l'avait pas échaudé pour autant.

Je n'ai jamais volé personne, même si parfois j'ai eu de fortes tentations comme lorsque l'un d'eux, durant notre première rencontre, par excès de fierté ou de confiance, m'a présenté, avant de partir dans son dressing, sa collection de montres. Il a ouvert un simple tiroir. Avec une rapide multiplication de lignes et de rangées, j'en ai compté vingt-cinq. La moins chère était la Datejust en acier de chez Rolex. Je me suis dit que je devais avoir l'air extrêmement fiable !

— C'est génialissime comme lieu, Stéphane, j'adore ! Ta collection de bouteilles est incroyable, exceptionnelle, elle me fait rêver !

— Oui, tu as vu ! Je viens fumer mes cigares ici, je me pose tranquillement avec les copains. J'ai tout aménagé, les casiers, le bar et la température est idéale. C'est mon bébé, cette cave. Allez, viens, on remonte, allons prendre l'apéritif à l'étage. Alors Châteauneuf ou champagne ?

— Châteauneuf ! Je suis une inconditionnelle du vin rouge !

Nous remontons tranquillement, il prend la peine de m'attendre.

— Je fais du sport, moi aussi, ce n'est pas quatre étages qui vont m'effrayer. Tu peux monter un peu plus vite, Stéphane !

— On les fait en courant ?

— Seulement, si nous échangeons nos chaussures !

— Je vois que tu as de l'humour !

Nous entrons à nouveau dans son appartement.

— Tu as deux minutes, tu veux que je te fasse visiter ? Je vis seul ici depuis dix-huit mois, j'ai divorcé. Toutes les pièces ne sont pas aménagées, certaines sont un peu vides, mais viens voir.

Mon temps est compté, même si j'ai tendance à l'oublier, lui non. Tu as deux minutes, il me fait rire, évidemment que j'ai deux minutes. En revanche, il t'en coûtera 10 euros. 300 euros de l'heure, 5 euros la minute, donc 10 euros pour deux minutes !

27. Plus facile que la drague

Nous empruntons un couloir qui dessert trois chambres avec chacune sa salle de bain privative et son dressing. Les lits sont tous *king size* et la décoration y est épurée. Deux d'entre elles donnent sur le parc du domaine et la principale sur les monts du Lyonnais. Il m'ouvre une des portes-fenêtres du salon et m'invite à le suivre sur le balcon. Je suis frappée par la beauté de la vue, stupéfaite, une des plus belles que j'ai pu observer jusqu'à présent dans ce secteur de Lyon.

Nous dominons la Saône et pouvons suivre son cours en serpentin jusqu'à l'Île Barbe. Le château de Collonges, l'Auberge de Paul Bocuse et les montagnes des Monts d'Or juste en face semblent nous regarder et nous envier. Mes yeux émerveillés balayent le décor et se fixent en bas de la bâtisse. Je découvre une piscine à fond noire dissimulée sous des arbres centenaires, quinze ou peut-être vingt mètres de longueur. Quelques transats et parasols l'entourent ainsi qu'une pelouse coupée aux ciseaux. Comme le coucher de soleil doit être beau, allongé au milieu de ce petit coin de paradis. Je regrette de ne pas avoir fait sa connaissance avant le confinement, je serais venue me réfugier chez lui.

— Nous buvons un verre, Mathilda ?

— Ah oui, avec grand plaisir !

— Tu es vraiment magnifique, je ne suis pas du tout déçu et tu es extrêmement sympathique, naturelle, souriante, j'adore.

— Merci beaucoup, toi aussi tu es très charmant et je le pense vraiment. Ce n'est pas pour te flatter, je te confirme les « on dit », tu es très bel homme.

— Il faut que je te dise, je ne suis pas un habitué de ce type de rencontres. (Ils me disent tous cela !) J'étais complètement contre. Attends, payer pour baiser, pardonne-moi pour ma vulgarité.

— Il n'y a pas de problème. Tu ne dois pas avoir de difficultés pour séduire les femmes, non ?

— Oui, mais je suis très occupé par mon travail. C'est un ami qui m'a branché sur l'*escorting*. Un jour, il m'a dit : « Tu verras, tu ne te prends pas la tête, tu fais des rencontres sympathiques et en plus tu gagnes à tous les coups ! Contrairement à la drague. Car quand tu invites une femme au restaurant, que tu lui offres des fleurs et lui portes de l'attention, finalement tu n'es jamais sûr de rien. Et quand tu additionnes tout, cela te revient au même prix, voire plus cher qu'une *escort*. » Mon ami n'a pas tort, c'est bien plus simple et tout aussi plaisant. Tu sais, Mathilda, je ne cherche pas à refaire ma vie, juste à passer de bons moments et à briser la solitude de certaines de mes soirées. Comme sur une application de rencontres j'ai cherché des profils avec lesquels je pourrais m'entendre. J'ai rempli mes critères de sélection dans l'algorithme. J'ai tout de même eu de mauvaises expériences au début. Enfin, des déconvenues. Quand la fille arrive, elle fait la tronche, ne parle pas et regarde sa montre sans cesse. Elle baise comme un robot ou une étoile de mer. Cela n'a aucun intérêt. J'ai eu aussi une jeune femme qui n'était pas du tout la même que sur les photos. Je m'attendais à recevoir une blonde trentenaire, c'est une brune d'une vingtaine d'années qui est arrivée. J'ai eu l'impression que ces demoiselles étaient contraintes d'être là. Et cela, je ne le veux pas. Maintenant, je sélectionne attentivement les profils. Toi, ton annonce est superbe, ton accroche sympa et ton message limpide. Je suis ravi que tu sois là, je passe un magnifique moment.

27. Plus facile que la drague

— Moi aussi, je suis heureuse de faire ta connaissance.

— Pour vous aussi, ce doit être compliqué, c'est même pire. Tu ne sais pas sur qui tu tombes et où tu vas atterrir. J'imagine que tous tes clients ne te plaisent pas. Tu as déjà fait de mauvaises rencontres, tu as eu des problèmes ?

— J'essaie de sélectionner au maximum, comme toi. Je suis attentive à l'âge, la manière de s'exprimer, au lieu de rendez-vous, je ne me déplace pas sur tous les secteurs et fais en sorte de minimiser les risques. J'ai un homme de confiance qui sait où je me trouve, combien de temps je dois rester et qui est prêt à intervenir s'il n'a pas de nouvelles de ma part. Et je suis moi-même armée, au cas où.

— C'est bien, tu as raison, il faut être prudente. Mais, rassure-toi, ici tu ne crains rien. Je ne te demande pas ce que tu as comme arme, même si je meurs d'envie de savoir ! Mais, sache que tu n'auras pas à t'en servir, enfin sauf si c'est toi qui me veux du mal !

C'est faux, je n'ai pas d'homme de main ni d'arme, mais je place toujours cette information lors d'un rendez-vous. Ça pose le contexte et peut-être que, sans le savoir, cela m'a déjà préservée.

— Est-ce que la fumée te dérange, Mathilda ?

— Absolument pas, je suis également fumeuse.

— Alors, ne te gêne pas, tu peux te servir dans mon paquet si tu le souhaites.

— Merci, et le vin est excellent, Stéphane, vraiment.

— C'est une petite merveille, tu as raison. Attends, pardonne-moi, je manque à tous mes devoirs. Tiens, désolé, je n'avais pas d'enveloppe.

Il extrait de sa poche de jean les billets de 50 euros et me les tend. Automatiquement, je les range dans mon sac à main, je ne recompte jamais devant mon hôte. Je préfère que cette parenthèse soit la plus furtive possible, pour éviter tout malaise et que le côté tarifé ne prenne pas trop de place dans la rencontre. Ce n'est pas dans leur intérêt de me voler. Je connais leur adresse personnelle ou le numéro de chambre. J'attends de quitter les lieux pour vérifier la somme et m'assurer que ce ne sont pas de faux billets. Je n'ai jamais eu à rebrousser chemin. Pourtant, une fois, mon garagiste m'a informée que je lui avais fourni de la fausse monnaie pour régler ma facture de réparations. Je ne m'en étais pas aperçue et lui non plus au moment de l'encaissement. C'est la banque qui l'a alerté après le dépôt de l'argent, il m'a raconté cette anecdote lors d'un autre de mes passages au garage. Curieux d'en savoir plus sur la provenance des billets, il s'est intéressé à moi.

— Mais alors, mademoiselle, que faites-vous dans la vie ?

— Je suis dans l'imprimerie !

La blague l'a amusé.

Avec Stéphane, l'atmosphère entre nous est tout de suite bon enfant. Il se dévoile naturellement, sans retenue. Après deux mois de confinement, en ayant côtoyé seulement quelques amis, de mon côté je suis enchantée par cette première soirée. Avoir de nouveau un lien social, siroter un vin millésimé dans un cadre somptueux, échanger et retrouver un semblant de vie est une bouffée d'oxygène.

Il est originaire de Paris et dirige un aéroport en Rhône-Alpes. Il est fier de me dire que les avions chargés de matériel médical, c'est grâce à lui, et moi de lui exposer toutes mes connaissances du monde de l'aéronautique.

— Tu veux grignoter quelque chose ? Tu me dis, Mathilda, si tu es pressée, ne te gêne pas.

27. Plus facile que la drague

— Ne t'inquiète pas, Stéphane, je ne fais rien par contrainte. Avec plaisir pour le grignotage ! Nous avons vécu une période tellement compliquée que partager cette soirée en ta compagnie me comble.

— Merveilleux. Je me suis arrêté chez la Mère Brazier, ils ont réouvert l'épicerie. Tu aimes la truffe ?

— Je suis fan du chef Mathieu Viannay et de truffe !

— Je t'adore, Mathilda ! Et vraiment, tu es resplendissante et brillante. Je vais nous faire une petite assiette de jambon de parme à l'huile de truffe blanche, un filet de citron, quelques grains de poivre et tu vas me goûter cette merveille ! Pour compléter, je te sers le fameux pâté en croûte au foie gras de Mathieu. Parfait, non ?

Nous sommes assis face à face sur les tabourets autour de l'îlot. Je suis là depuis une heure déjà. Le Châteauneuf est presque fini, je commence à être pompette. Il s'est approché de moi à trois reprises pour me voler un petit baiser. Des smacks rapides et timides pour m'exprimer son enthousiasme. Nous discutons amicalement, je ne joue pas un rôle, parle de ma vie, de mes activités professionnelles, de pourquoi et comment j'en suis arrivée à ce type de rencontres.

Je ne me suis jamais mariée, n'ai pas d'enfant, ne suis là ni par contrainte ni parce que je me suis perdue, et personne ne me force. J'ai des projets, une vie normale et ordinaire, une famille, des amis. Je mêle simplement l'utile à l'agréable, même si c'est un discours un peu cliché. Les hommes que je fréquente dans ma vie privée me déçoivent très souvent. Alors, j'ai fait le choix de ce mode de rencontres. Je ne suis ainsi jamais peinée par de belles promesses qui ne mènent à rien. Nous deux, ce soir, nous n'attendons rien d'autre que de passer un agréable moment. Nous n'avons pas besoin de nous mentir, de nous déguiser derrière des déclarations qui ne sont pas sincères. Peut-être que nous nous reverrons, peut-être pas. Mais nous sommes consentants, lucides, nous ne jouons pas un jeu pour obtenir ce que nous voulons de l'autre. Nous sommes très honnêtes, savons comment la soirée va se terminer et avons accepté les termes du contrat, sans perversité ni faux semblant.

Je ne joue pas à l'*escort* qui branche un chronomètre et qui s'invente un personnage. Je suis moi, seuls mon prénom et mon numéro de téléphone sont différents de ceux de ma vie de tous les jours. J'apprécie la personne avec qui je passe plusieurs heures pour le prix d'une. Quand je me sens bien, je ne m'impose pas de *timing*, je profite de l'instant, ne travaille pas, mais fais une belle rencontre. À un moment de la soirée, il me désirera, et peut-être que moi aussi. Je le laisserai alors faire.

28. Déesse du cul?

Lyon est un village, nous nous apercevons que nous avons des amis en commun. Nous aurions pu nous croiser dans les établissements que nous fréquentons et sommes allés aux mêmes réceptions. Il ouvre une seconde bouteille de vin et devient de plus en plus affectueux et familier : « Mon bébé, mon canard. » À présent, il me donne des surnoms, me propose de partir en week-end.

— Oh, mais toi, je t'adore ! La semaine prochaine, Mathilda, je t'invite à passer le week-end en Drôme provençale, dans un magnifique mas avec piscine, et je te paie pour cela. Qu'en penses-tu ?

— Pourquoi pas, reparlons-en dans la semaine.

— Tu as quelque chose de prévu ?

— Non, mais les projets et les invitations le premier soir, je connais l'enthousiasme qui redescend. C'est humain ou peut-être masculin ! Nous verrons si ton invitation tient toujours la semaine prochaine !

Il s'approche de moi, m'embrasse dans le cou et passe sa main le long de mes jambes en faisant apparaître la naissance de mes bas.

Je suis assise sur la chaise haute, les cuisses légèrement ouvertes, pour lui donner la permission de faire ce pour quoi il m'a payée. Il déboutonne mon chemisier, lèche langoureusement mes tétons en me chuchotant combien il les aime. D'une main délicate, dégrafe l'entrejambe de mon body et viens doucement apposer sa langue et suçoter mon clitoris.

— Oh, Mathilda, j'aime tellement ça, tu es tellement bonne, hum, ta chatte.

Encore un qui rentre dans les statistiques ! C'est incroyable le nombre d'hommes qui passent plus de temps à se délecter de mon vagin plutôt qu'à me pénétrer. À croire, mesdames, que vous leur interdisez cette petite mise en bouche au sein du lit conjugal. Il est vrai que c'est un art que peu savent réaliser. C'est souvent ennuyeux, peu exaltant, quand ce n'est pas carrément désagréable. Il y a celui qui agite sa langue comme un serpent sans vraiment savoir ce qu'il doit lécher. Celui qui colle son menton et hoche la tête de bas en haut en te râpant le clitoris au passage avec sa barbe. Celui qui te bave tellement dessus que tu sens l'humidité dégouliner jusque sous tes fesses et qui fait une flaque sur les draps. Celui qui essaye de t'enfoncer sa langue aussi profond qu'il le peut, en oubliant qu'il a des dents et qu'il n'y a que cela que tu sens. Celui qui t'aspire les lèvres si intensément que tu as l'impression qu'il a une ventouse en guise de bouche. Et celui qui a compris qu'un doigt délicat est tout aussi important qu'une langue audacieuse. Quand leur technique est déplaisante, je leur dis. Quand ils sont ennuyeux, je simule un orgasme. Je ne propose pas l'option formation dans mes prestations, et quand ils excellent dans cet art, je profite égoïstement de l'instant.

Ce soir-là, avec Stéphane, je me laisse lécher. Il est doux, soucieux de mon plaisir, mais je ne suis pas entrée dans un jeu de séduction avec lui, alors j'ai seulement envie de poursuivre l'apéritif et pas d'entamer un corps à corps. Mais je gémis, lui touche les cheveux et serre mes cuisses contre ses joues pour accessoiriser et maquiller mon manque d'excitation. Il m'invite à le suivre dans sa chambre et m'allonge sur le lit avant de poursuivre ce qu'il était en train de faire dans la cuisine. Je lui dis que j'aime cela, les hommes veulent l'entendre, ils me paient pour. Plus que leur orgasme, c'est le mien qu'ils convoitent. Ils veulent me sentir vibrer et frissonner dans leurs bras. Mais je ne jouis pas sur commande et me lasse au bout d'une dizaine de minutes, et simule l'orgasme pour récompenser cet homme délicat et affectueux.

— Tu es tellement belle, tu as la peau tellement douce, Mathilda.

Allongé sur le dos, le sexe tendu et parfaitement épilé, il brûle de désir pour moi. À mon tour de jouer de la langue. Sa queue n'est pas très longue, ni très épaisse, mais circoncise comme je les préfère. Je lui lance quelques regards coquins pour décupler son envie.

— Tu l'aimes ma queue, elle est bonne ?

— Hum oui, elle est bonne.

La scène ne dure pas plus de trois minutes, il ne tient plus et veut me prendre. Je me positionne à quatre pattes devant lui, cambre ma croupe charnue et, presque instantanément, je l'entends effectuer son dernier gémissement avant de me dire :

— Tu baises divinement bien, Mathilda !

Je n'ai pourtant pas fait grand-chose. Ça me rappelle une question de ma copine Chacha :

28. Déesse du cul ?

— Mathilde, est-ce que les *escorts* sont des déesses du cul ?

— Non, je ne pense pas ! Mais, plus tu fais du *kite*, mieux tu tiens sur ta planche, non ?!

Je passe à la salle de bain. Face au miroir, je ne ressens rien. Je ne me sens ni sale ni salie. C'était plutôt expéditif et cela me convient parfaitement. C'était semblable à une partie de sexe avec un copain un soir de beuverie, sans saveur ni performance. Je retourne dans la cuisine, mes vêtements jonchent le sol, je me rhabille tranquillement.

À la suite de ce petit entracte, les vapeurs d'alcool sont redescendues, alors il nous sert un cocktail à base de Gin ETSU japonais et de tonic Premium Indian. Puis un deuxième. Nous continuons à discuter comme deux amis un peu éméchés pendant une heure encore, lui espérant recommencer une partie de jambes en l'air et moi envoyant un texto à mon ami Tom : « Coucou, mon chat, je ne suis pas loin de chez toi. J'avais une petite mission à faire, je m'arrête prendre un verre ? »

Après un rendez-vous, je reprends naturellement le cours de ma vie, car ce n'est pas un épisode traumatique pour moi. C'est ma vision des *sex friends*. Je ne conçois plus aujourd'hui de m'offrir gratuitement sans lendemain. J'ai décidé que s'il n'y avait pas d'engagement à la clef, alors je préfère être payée. Et ainsi, je suis gagnante et libre. Je ne souffre pas, n'attends pas un appel qui n'arrive jamais ou seulement tard le soir, ne m'offre pas en ayant le sentiment de m'être fait baiser deux fois. Car, malheureusement, j'ai l'impression que la libération sexuelle et la liberté de la femme n'ont fait qu'entacher nos relations. Nous avons tout donné aux hommes et ils s'en sont servi contre nous, pour obtenir ce qu'ils veulent, sans se soucier de nos états d'âme.

Parce que, même si nous acceptons de coucher le premier soir, que nous avons appris à ne pas les oppresser, la seule chose que nous espérons est qu'ils finissent par s'attacher et s'engager. Mais, à l'heure du virtuel, où tout est possible en un clic, nous sommes devenues un marché aux fruits. On tâte, on goûte, on jette, car sur l'étalage à côté, l'abricot semble plus sucré. Il paraît que les hommes ont le même sentiment et se sentent comme des *sex toys*... Certains s'en plaignent, ils me l'ont dit! «Mathilda, tu te rends compte, aujourd'hui les femmes ont des préservatifs dans leur sac à main, j'ai l'impression d'être un objet», m'a dit un jour un client. Oui et? Il me semble que depuis la nuit des temps nous gérons tout à votre place. Nous sommes votre mère, votre maîtresse, votre infirmière, votre secrétaire, votre cuisinière, votre femme de ménage, la nounou désignée d'office. Si vous trouvez que l'on commence à prendre votre place, n'est-ce pas une évolution positive pour nous?

29. Je veux travailler pour vous

Quelques jours après le déconfinement, le 25 mai 2020, je reçois par message :

«Bonjour, je vous sollicite pour un séjour que j'organise du 9 au 11 juin. Nous avons une villa à deux heures de Lyon. Nous souhaitons passer un moment sympa entre fête, barbecue, sexe et piscine. Ce n'est pas une orgie, mais un vrai moment sympa. Intéressée ? Si oui, quel est votre prix ? Greg. »

Ouiiiii, des vacances et de la fête ! Après ces deux mois de confinement, je ne peux pas rêver mieux comme proposition de mission. *Sea, Sex and Sun.* À la suite d'un échange téléphonique, je pars à la rencontre de Greg, dans ses bureaux au sein de son agence de conciergerie de luxe à Lyon. J'ai besoin de savoir à qui j'ai affaire, qui seront les hommes présents et ce qu'ils désirent. Partir trois jours et deux nuits n'est pas anodin. Je n'accepte jamais de faire une nuit complète avec une personne que je ne connais pas. C'est bien trop dangereux, il peut se passer n'importe quoi lorsque l'on s'endort. Greg, de son côté, a besoin de faire ma connaissance. Il ne peut pas envoyer n'importe qui, il en va de sa réputation, de la sécurité et de la satisfaction de sa clientèle.

C'est un trentenaire sympathique et beau garçon. Il m'accueille sur la terrasse de ses bureaux, au dernier étage d'un immeuble chic. Il est 18 h 30, je porte une jupe estivale à fleurs, un crop top et une paire d'escarpins d'été.

— Tu veux boire quelque chose ? Rosé, jus de fruits ?

— Rosé, c'est parfait, c'est l'heure de l'apéritif.

Je passe un « casting » pour un week-end de fête. Je ne suis pas idiote, si je réponds Perrier tranche, je suis recalée directement ! Il ouvre une bouteille de Château Saint-Maur, cru classé et élu meilleur rosé au monde. Je mets toujours des glaçons dans mon verre de rosé et mes papilles n'ont jamais été sensibles aux subtilités de ce vin estival, mais je souligne le détail, pour le flatter.

— Château Saint-Maur, je vois que tu es un homme de goût.

— J'ai l'impression qu'il en est de même pour toi. Je vais te montrer la villa que nous avons louée, ainsi tu sauras tout de suite où tu vas aller.

Il se connecte sur le site Le Collectionist, la version ultra luxe de Airbnb. La maison a l'air sublimissime, en pierres blanches avec plusieurs ailes, perdue au milieu du Luberon, entre vignes et montagnes. Je ne m'attarde pas sur les photos, ce qui m'intéresse, c'est de savoir qui sont les convives. Il y a certaines personnalités lyonnaises que je n'ai pas envie de côtoyer dans le cadre de mes rencontres, des gens pour qui j'ai travaillé dans une autre vie, des amis d'amis ou des copains de sorties à qui je ne parle pas ouvertement de cette facette de ma vie.

— Comme je te l'ai dit au téléphone, le concept de ce petit week-end est le lâcher-prise de mes clients. Ils veulent faire la fête, bien manger, bien boire et s'amuser avec des filles. Ils ne sont pas dans un esprit de partouze, mais ils veulent des filles, parce que cela fait partie de l'ambiance. Je suis à la recherche de cinq ou six *escorts* et eux seront trois, quatre, peut-être cinq. Ils veulent des filles qui dansent, chantent, picolent, participent au séjour, surtout pas qui restent dans la chambre à attendre. Ce n'est même pas sûr qu'ils aient envie de sexe, mais si toutefois ils le veulent, il faut qu'il y ait ce qu'ils désirent, au moment où ils le désirent. Ce ne sont pas des brigands, tu n'as rien à craindre. Ils ont tous pignon sur rue à Lyon, ce n'est pas dans leur intérêt de mal se comporter. D'ailleurs, je te reçois dans mes bureaux, cela te donne une première garantie. Tu sais qui je suis, tu as mon nom, le nom de ma société. Je serai moi aussi présent durant le séjour pour gérer l'intendance. Le paiement se fera à ton départ de Lyon et tu auras un chauffeur qui te conduira directement sur place et te ramènera chez toi à la fin. Et si tu es d'accord, étant donné que nous ne pouvons pas sortir de la zone des 100 kilomètres, je te fais une attestation de serveuse, pour une prestation de traiteur privé. Ainsi, nous sommes couverts et tranquilles.

— Greg, ma participation à cette petite escapade de déconfinement tient essentiellement aux convives. J'ai besoin que tu me donnes les noms. Tu m'as déjà transmis le secteur d'activité et j'ai suffisamment de connaissances dans le domaine pour savoir de qui nous parlons. Mais, justement, il y a une personne que je ne souhaite pas croiser. Je connais sa femme personnellement et je ne voudrais pas être témoin ou actrice d'une partie fine avec son homme. S'il est là, je ne viendrai pas. Je n'ai rien à perdre, bien moins que tes clients, mais je n'aime pas être prise au dépourvu. Je veux savoir dans quoi je m'engage et ne suis pas prête à tout pour l'argent. Si tu le souhaites, je te donne mon vrai prénom, mon nom de famille et, en échange, tu me communiques clairement la liste des participants. Nous serons ainsi *ex aequo* et, si nous ne faisons pas affaire, nous saurons l'un et l'autre que le secret sera bien gardé.

J'apprends que le commanditaire de ce week-end est l'une de mes «idoles». J'admire depuis de nombreuses années son travail, ses projets innovants, sa transformation du monde d'aujourd'hui et sa vision de demain. Je suis sa première fan, l'ambassadrice de ce qu'il réalise à Lyon. Je suis toujours attentive à ses actualités, je ne le connais pas personnellement et n'ai jamais eu l'occasion d'échanger avec lui ni même de le croiser. L'idée qu'il soit présent me ravit. Je me dis que c'est peut-être un coup du destin. Peu importe la façon et le contexte de notre rencontre, je sais que je peux avoir une carte à jouer et que ce week-end peut être une opportunité de travail, de contacts, de nouveaux projets.

— Je suis d'accord, Greg.

— Super. Dernière chose, je suis en difficulté pour recruter des filles. Est-ce que tu as des copines qui peuvent être intéressées ? Est-ce que tu connais des *escorts* ?

Je n'ai à présent plus de copines exerçant dans ce domaine, mais l'une d'elles est entrée en contact avec moi récemment.

«Bonjour, Mathilda, je suis une de tes consœurs. Je me permets de t'écrire, car il m'arrive régulièrement d'avoir des demandes pour participer à des soirées festives privées, en compagnie de petits groupes d'hommes. Ton annonce semble correspondre aux attentes de mes clients, penses-tu que nous puissions échanger ? Bise, Marie.»

J'ai fréquenté au cours de ma vie une quinzaine d'*escorts*, collaboré avec certaines, juste fait la fête avec d'autres, même si la différence est mince entre les deux. Mais alors, est-ce qu'il y a un profil type ? Avons-nous toutes un point commun ou même plusieurs ? Peut-être le syndrome de la nuit et le gène de la folie. Peut-être que notre côté masculin est un peu plus développé, j'ai souvent entendu : « Putain, faut avoir des couilles pour faire ça. »

J'ai toujours pris cette remarque comme un compliment. Mais je n'ai jamais eu l'impression d'avoir affaire à un type de femmes en particulier. Pas besoin d'être pirate ou kamikaze ni de s'être fait violer ou battre. J'ai croisé des *escorts* qui, en parallèle, étaient cheffe d'entreprise, infirmière, coiffeuse, agent immobilier. J'ai aussi souvent rencontré des femmes désireuses d'en savoir plus, attirées par notre art et fantasmant à l'idée de le pratiquer. Cette dernière catégorie est d'ailleurs très répandue : « Mathilde, tu penses que je peux... Tu veux bien m'aider à... »

Le désir reste généralement à l'état de fantasme. Je n'ai jamais initié personne. J'ai narré mon histoire, parlé de ma façon de procéder, averti sur les pièges à éviter, mais je n'ai jamais incité une femme à franchir le cap. Ce doit être une démarche person-nelle, avec une vraie réflexion mature et un désir profond de vivre l'amour différemment, sans qu'il n'y ait de traumatisme lié ni de pression financière exacerbée.

Quelques jours plus tard, je pars avec Greg le mardi matin. Nous avons rendez-vous à 8 h à ses bureaux. Finalement, il est mon chauffeur et nous sommes les premiers à arriver sur les lieux. C'est une villa à 2 000 euros la nuit, l'endroit est excep-tionnel, surréaliste, magique. Greg m'invite à me détendre sur un transat au bord de la piscine en attendant les convives, mais je l'aide à décharger du Viano les vivres pour le week-end.

— Greg, combien serons-nous durant le séjour ?

— Nous sommes huit en tout. Les trois clients, toi, les trois autres filles et moi. Nous sommes huit.

— Mais, il y a dix caisses de Ruinart, quinze de vin rouge, Aloxe-Corton, Gevrey-Chambertin, autant de blanc, du rhum, du whisky. Il y a tout Cerise et Potiron, le stock de la Mère Richard et toute la charcuterie que la Corse a produite ces dix dernières années, sans parler des côtes de bœuf, magrets de canard et autres grillades. Je ne sais pas quel est ton avis Greg, mais je pense que nous allons vraiment être justes, justes !

J'ai le temps de prendre une douche, d'enfiler une combinaison-short à fleurs d'été sur mon maillot de bain et j'entends des voix d'hommes résonner dans la maison. Je suis nerveuse. Je fais les cent pas dans ma suite. La pression s'empare rarement de moi, mais là, je me sens comme une gamine. Mon cœur s'emballe et j'ai l'impression que ma voix sera tremblante à mon premier : «Bonjour». Je me dois d'être naturelle, je ne peux pas arriver les joues rosées et dire : «Bonjour Riri, Fifi et Loulou, je suis tellement fan de vous et contente de vous rencontrer. Tenez mon CV, je veux travailler pour vous, je suis là, mais ne suis pas juste là. »

Je souffle et descends en gardant à l'esprit qu'ils sont des clients et, qu'à cet instant, quand ils vont me saluer, pour eux, je ne suis qu'une prostituée.

Je tente durant le séjour de décrocher un poste dans leurs entreprises. Je ne me cache pas et assume pleinement ma façon de vivre, qui n'est pas incompatible avec un emploi dit normal. Je suis troublante d'honnêteté et de sincérité, je n'ai rien à dissimuler. J'ai appris avec le temps que nous sommes sur un pied d'égalité, ce n'est pas plus honorable d'être un homme qui commande une femme et pas moins d'être celle-ci. Ils ne sont pas des prédateurs pervers et je ne suis pas une écervelée paumée. Nous sommes n'importe qui et nous ne faisons pas n'importe quoi. Peut-être que ma banquière se prostitue et que mon assureur est son client. Mon univers est bercé par une population des plus banales, tout est possible, tout le monde peut en faire partie, à l'image de cette anecdote. Je reçois un soir un SMS :

« Bonjour, je m'appelle Arnaud, j'ai 42 ans, bon vivant. J'aimerais t'accueillir chez moi à Tassin. »

Tout de suite, ça me fait tilt, le prénom, l'âge, la ville. Je compare le numéro à celui inscrit dans le répertoire de mon téléphone personnel. C'est bien lui! Arnaud, mon copain pharmacien. Alors, mon coco, on s'ennuie ce soir ? On a envie de se divertir ? C'est un hasard qu'il sélectionne mon profil, je ne suis pas reconnaissable sur les photos de mon annonce. C'est drôle, j'étais chez lui la semaine d'avant pour un dîner entre amis. Il ne fait pas partie de mon proche entourage, c'est un compagnon de soirées festives. Je ne lui ai jamais parlé de cette activité, mais sans doute est-ce déjà revenu à ses oreilles. Les potins lyonnais ne mettent pas de temps à faire le tour. Je ne réponds pas à sa demande de prestations et fais la fête chez lui quelques semaines plus tard. Je ne lui en dis pas un mot, mais le regarde avec un sourire en coin : nous sommes dans le même bateau. Je le sais et peut-être que toi aussi, mais tu ne m'en parles pas, car chut, cela ne se dit pas. Continuons à faire semblant en société, parce que je veux être aimée d'un homme qui ne verra en moi qu'une femme et parce que pour toi mon statut d'*escort* est trop tabou pour l'évoquer.

30. Mille vies

Nous sommes le 21 décembre 2020, la France a instauré le couvre-feu à 20 h et nous venons de sortir de notre deuxième période de confinement de l'année.

— Où en es-tu dans tes recherches de travail, ma fille ? Je sais qu'avec l'année que nous venons de passer, avec la Covid ce n'est pas évident, mais tu pourrais mettre à profit le temps que nous avons. Je ne sais pas, écrire un livre par exemple sur... une facette de ta vie. Depuis toujours, tu veux être écrivain, tu avais même commandé une machine à écrire au père Noël à 10 ans. Je suis certaine que c'est fait pour toi, tu peux devenir la nouvelle Katherine Pancol.

— Ou la nouvelle Virginie Despentes ?

Un blanc de quelques fractions de seconde s'installe. Je ne sais pas si elle ignore ma référence ou si elle connaît parfaitement la vie de l'écrivain dont je lui parle. Elle aussi est passée par la case prostitution avant de devenir une auteure à succès. Son premier roman, *Baise-moi*, a même été adapté au cinéma. Mais qu'est-ce qu'une mère peut ressentir quand sa fille lui parle de cela ? J'imagine que le mensonge, la double vie, l'impression de ne pas connaître son enfant et sa vie est plus difficile à encaisser que les faits eux-mêmes.

J'aimerais partager cela avec ma maman, c'est le seul non-dit de ma vie, même si elle le soupçonne depuis plusieurs années. Je lui parle de mes « clients-amis », de mes soirées, de mes vacances, mais l'histoire est toujours un peu maquillée. En revanche, moi, je ne le suis pas, et j'espère que c'est cela qui restera. Je ne lui parle pas non plus de mon manuscrit que je suis en train de finaliser et sur lequel je travaille depuis plusieurs mois. J'attends qu'il aboutisse pour lui dévoiler ou pour passer à un autre projet, si cela ne fonctionne pas.

Je suis en chômage partiel, si je peux m'exprimer ainsi. Je ne me suis pas isolée comme lors du premier confinement, mais les hommes d'affaires de nouveau ne se déplacent quasiment plus. Le cœur n'est plus à la fête, mais à l'économie. Les hôtels sont presque vides et les chefs d'entreprise n'ont plus la tête à s'envoyer en l'air. Je suis dans la catégorie des non essentiels. Je suis la cerise du gâteau que tu enlèves quand déjà tu peux te permettre d'en manger un. Lyon est vide, comme toutes les villes de France. Elle est masquée, triste, sans vie. Nous sommes chez nous, reclus. L'insouciance n'existe plus, sauf en petit comité sous couvert d'une attestation et d'une place sur le canapé pour ne pas braver les interdits en pleine nuit. Nous qui avions l'habitude de traverser notre métropole un peu pétés, avouons-le, désormais nous craignons les contrôles. Les bars sont fermés, les clubs n'existent plus, nous ne nous rencontrons plus, n'échangeons plus. Il n'y a plus de restos, de soirées, de salles de concert, de vie sociale. Pour la seconde fois de l'année, les célibataires se retrouvent seuls chez eux, devant leurs écrans à *swipper* des profils Tinder et à déraper sur un site d'*escorts*, parce que «Fuck» après le visionnage d'un Youporn, il faut de la chair, de la vie, du sexe, du vrai.

Je reçois à présent presque exclusivement des appels et des messages d'hommes entre 25 et 35 ans qui s'ennuient : «Normalement, je drague en soirées, je suis plutôt pas mal. Mais là, bon, c'est un peu la *loose*, alors je voulais savoir si tu étais disponible ce soir, que l'on s'amuse un peu. »

Et quasiment plus de messieurs de 55 ans et plus, qui font en sorte de ne pas prendre de risques. Pour les jeunes hommes, il n'y a plus de sorties, de drague, de nouvelles rencontres. Pour ceux encore en déplacement, il n'y a plus de dîners d'affaires, d'*afterwork* entre collègues pour se divertir.

«Jeune cadre dynamique de 32 ans, en déplacement à Lyon. Je suis au Globe & Cécile, rue Gasparin. J'aimerais passer deux ou trois heures avec toi. Quelles sont tes conditions et prestations ? »

Occuper ses soirées, trouver un moyen de passer le temps quand seuls les livreurs Uber Eats déambulent dorénavant dans les rues. Je suis le pansement de cette jeunesse qui ne sait plus comment exister. Je suis la dernière chance, l'espoir d'un moment un peu *fun*.

Le premier confinement avait déjà mis à mal les relations de couple, mais le second les a achevées. Le télétravail, l'obligation d'être constamment l'un avec l'autre, et donc de s'étouffer, ont fait voler en éclat les relations déjà fragilisées. La Covid a redistribué les cartes et a donné aux jeunes hommes l'envie de découvrir le monde des relations tarifées, attirés par l'envie de légèreté et de liberté. Et dorénavant, je reçois également une nouvelle forme de demande, une toute nouvelle clientèle qui ne m'avait jusqu'alors jamais contactée :

— Bonjour, Mathilda, j'ai trouvé ton profil sur Lovedreams § Je suis une femme mariée, je te contacte, car j'aimerais offrir une soirée à mon homme... Est-ce que tu rencontres des couples ? Est-ce que les plaisirs entre filles te font envie ? On aime les soirées coquines à trois. On est doux, respectueux, 38 et 39 ans, physiques agréables, à Lyon. Si c'est envisageable, je te laisse me répondre § merci et à bientôt ! Alice.

— Bonjour, Alice. Quel homme chanceux est-il !! J'espère qu'il en a conscience. Malheureusement, je ne suis pas attirée par les femmes. Je peux me laisser aller à des caresses et baisers, mais je ne pratique pas le plaisir buccal féminin. Bien à toi.

— Ah, ah mercii § je crois qu'il sait, oui !! Merci pour ta réponse. Nous allons rediscuter de ce fantasme. Si cela s'oriente vers une soirée à deux plutôt qu'à trois, je te ferai signe à nouveau, bonne journée.

Ce n'est pas un cas isolé, je passe de zéro demande à une toutes les semaines. La fermeture des clubs libertins y est pour beaucoup. Ce sont toujours les femmes qui se rapprochent de moi, elles sont sympathiques, mettent des *smileys* dans leurs messages, me proposent de participer à des soirées libertines privées, à des apéros coquins entre couples. Même si je n'y réponds pas favorablement, j'aime recevoir ce type de demande, je trouve que cela apporte un peu de fraîcheur. J'aime savoir que le monde tourne encore, que les gens vivent, qu'il y a quelque part, autour de moi, des personnes enclines à déjouer les règles que la société nous impose. Je ne suis pour le moment pas disposée à découvrir le milieu du libertinage, ni pour le boulot ni dans ma vie privée, même si j'ai déjà testé les plans à trois, sous ses deux formes, même si je suis ce que l'on peut qualifier de femme «libérée». Le libertinage, au sens premier du terme, qui se pratique en couple est une approche encore différente de la sexualité. Je ne crois pas en la fidélité éternelle, même si je la fantasme aussi. Je suis persuadée que les libertins sont plus heureux que les autres couples. La possession du corps n'est pas un gage d'amour. Mais, mon esprit est trop étriqué pour accepter de voir mon partenaire dans les bras d'une autre. Mon esprit n'a d'ailleurs sans doute rien à voir là-dedans. C'est certainement une histoire de confiance en soi et en l'autre. Mais l'autre, pour moi, qui est-il ? Quel est le bilan de mon cœur après deux années de célibat et de prostitution supplémentaires ? J'ai raconté ma vie d'*escort*, les hôtels de luxe, les hommes qui soi-disant me vénèrent, les vins millésimés, les orgasmes, les fantasmes et les enveloppes ; les week-ends de folie où je suis payée à faire la fête, les clients qui sont mes amis, voire mes amants. Même si, dans la majorité des cas, je ne suis qu'un produit de consommation à usage unique, j'ai malgré tout réussi à transformer quelques essais, à gagner plus que des billets et à être davantage qu'une simple fille qui se fait payer.

«Coucou, Mathilda, comment vas-tu ? J'organise un dîner à la maison, je serais ravi de te présenter mon fils, ma belle-fille et mon ex-femme ! Il y aura du Châteauneuf et de la truffe ! Tu viens ?» Depuis la sortie du premier confinement, avec Stéphane nous nous envoyons des messages, des photos de nos vacances. Je lui ai donné mon numéro de téléphone personnel, il me fait profiter de sa carte de membre au Métropole pour que j'aille me faire bronzer au bord de la piscine l'été et m'a présenté à certains de ses amis. Je suis sa grande pote, leur dit-il.

— Mais tu la niques ?

— Mais non, Mathilda c'est ma pote, je l'adore.

— Mais comment vous vous êtes rencontrés ?

— À une soirée, au resto à La Maison, à Gerland.

Nous sommes devenus proches et il n'est pas toujours question d'argent entre nous ni de sexe. Notre relation est saine, franche et sans histoire. Il a encore un peu de mal à m'appeler Mathilde, mais j'ai l'habitude que l'on m'appelle Mathilda. Parfois moi-même, je réfléchis quelques fractions de seconde, je jongle avec mes deux identités, je passe de l'une à l'autre, au point d'en oublier comment je m'appelle.

J'ai toujours un plan, un copain, une connaissance, un client. J'obtiens la meilleure table avec vue sur Lyon au dernier moment dans un étoilé, j'ai des invitations pour les avant-premières, des places dans des loges, des tours d'hélico gratuits, des accès aux restos clandestins, des privilèges sur ceci, des remises dans n'importe quel domaine. J'entends souvent mes copines dire :

« Sans Mathilde, nous n'aurions jamais fait cela. »

« Il n'y a qu'avec Mathilde qu'il peut nous arriver une chose pareille. »

« Normalement, je ne m'entends pas avec les filles, mais toi, Mathilde, je t'adore. »

« Je voudrais tellement avoir ta vie, Mathilde, c'est toi qui as raison. »

Mais entre nous, si je casse la puce de Mathilda, que me reste-t-il ? Les hommes qui ne me paient pas ne se rendent même pas compte que les autres le font, que pour moi c'est un privilège de leur offrir la gratuité d'un service qu'en temps normal je facture.

À l'époque, dans le cadre de ma chaîne YouTube, j'ai démarché un prodige des fourneaux pour lui proposer une collaboration. Nous nous sommes rencontrés, plu et désirés. Nous avons succombé, une fois dans son labo et une seconde fois à Montreux, en Suisse, où je l'ai rejoint lors d'un de ses déplacements. Puis, j'ai arrêté de répondre à ses sollicitations. Il n'a rien à m'offrir d'autre qu'une partie de jambes en l'air, je n'en ai pas besoin. Très régulièrement, il m'envoie par message « envie ». Pas de « bonjour » ni de « comment vas-tu ? », juste « envie », parfois même accompagné d'une photo ou d'une vidéo de ses parties intimes. Il attend de moi que je le retrouve entre deux de ses rendez-vous professionnels, pour me tirer à la va-vite. Il n'a même pas conscience qu'il se comporte bien plus mal que mes clients.

— Mathilde, on se voit quand ?

— Quand tu auras au minimum une nuit à me consacrer et à prendre soin de moi.

— Je n'ai pas le temps, j'ai trop de choses à gérer.

— Et moi, je vaux mieux qu'un coup de bite sur ton plan de travail.

Néanmoins, depuis plus d'un an, il continue de m'envoyer « envie ». Je pense que je fais partie de son *listing* de « groupies » et que sa diffusion est massive jusqu'à l'obtention d'un : « J'arrive ».

Puis il y a eu ce Sétois, expatrié à Londres qui de passage à Lyon m'a contactée via Instagram. La magie des réseaux sociaux ! « J'ai des places en loge pour le match de *Champions league* ce soir, ça te branche de m'accompagner ? »

Bof, le foot ne m'intéresse pas, même si : « Qui ne saute pas n'est pas lyonnais ». Et puis, je préfère largement l'ambiance du virage sud à celle des petits fours. Chanter et boire de la bière, c'est ce qui m'éclate au stade. Mais ce qui m'éclate aussi, ce sont les situations improbables, les imprévus, il en découle généralement des moments inoubliables. Nous avons tous vécu ceci : « Ce soir, je ne sors pas ». Puis, tu te motives et passes la meilleure soirée de ta vie. C'est peut-être ce jour-là que tu as rencontré ton mari. Je suis sur mon canapé, les cheveux en bataille, je n'ai rien à perdre et qui c'est, c'est peut-être encore une fois le destin qui frappe. S'il m'avait dit : « Épouse-moi », je lui aurais dit oui. Mais à la place, il a préféré me dire : « Tu es trop *full on*, n'attends rien de moi. »

C'est vrai, je suis toujours à fond, dans tout. L'espace d'un instant, et comme un soufflet, cela retombe.

Puis, il y a eu Thibaut qui, le premier matin où il s'est réveillé chez moi, est parti acheter le petit déjeuner. Trop mignon. Mais il est revenu avec un sac complet de courses, sa marque de thé, son parfum de confiture, un kilo de sucre de canne en morceaux, un litre d'huile d'olive, une plaquette de beurre, un filet de pommes de terre, des œufs, des steaks. Quand il m'a dit : « Je suis en train de vivre la plus belle histoire d'amour de ma vie », ça m'a achevée. Ça m'a achevée parce que je suis pleine de contradictions avec les hommes. Je joue à cache-cache avec moi-même. Quand quelque chose de sérieux se trame, je fuis. Ma vie d'*escort* ne me permet pas d'envisager une relation, nous débutons toujours par un mensonge : « Que fais-tu dans la vie ? » Pour l'un, je suis *broker* dans l'aviation, pour l'autre en charge du développement commercial d'un studio de musique ou sans emploi, car depuis la Covid j'ai perdu mon travail dans l'événementiel.

« Même si pour tout, il y a une part de vérité, pardonne-moi si je t'ai menti, si moi aussi je ne t'ai pas rappelé, si je n'ai pas accepté de te revoir et que sur le moment tu n'as pas compris pourquoi, comme je te l'ai certainement dit, tout ceci n'a rien à voir avec toi, je ne suis juste pas prête, pour l'instant. »

J'ai eu mille vies, mille jobs, mille amants. Je suis fière de mon parcours, de qui je suis même si je n'ai rien accompli pour le moment, mais j'ai réussi à m'épanouir, à me lever chaque matin en me disant que la vie est belle et à me coucher tous les soirs en remerciant celui ou ceux qui me donnent la force d'être meilleure que la veille. Je pense que si jugement dernier il y a, nos qualités de cœur primeront sur notre mode de vie. Notre existence ne peut pas être réduite à notre rapport au sexe ou à ce qu'il y a dans notre assiette. Ce serait selon moi une offense envers notre créateur que de réduire son intelligence à de tels percepts. Notre âme ne se dissocie-t-elle pas de notre corps avant de rejoindre les cieux ? Parfois, je parle à mon papa durant mes prières. Je ne suis pas certaine que cela le fasse bien rire, mais j'imagine qu'il est encore plus étonné de me voir prier. Et franchement, il n'y a pas de quoi dramatiser. Je n'aime pas cela de toute façon, le drame, les comédies dramatiques, les histoires qui finissent mal. Si je prends tout à la légère, c'est pour limiter les situations problématiques. Mais, attention, je ne suis pas anarchiste, je suis libertaire.

Depuis la fin du premier confinement, je ne fume plus de shit, le THC me scotche, m'isole, je n'ai rien envie de faire, je vois la vie en noir, et peut-être que je deviens enfin adulte ! Quelques taffes sur un joint d'herbe de temps à autre en soirée avec mes copines, et encore. J'ai même arrêté la cigarette depuis trois mois, pour combien de temps ?... J'ai peur de grossir, forcément, cela me hante même, mais je bois de la tisane et vapote un peu. J'ouvre parfois une bouteille de vin, seule, chez moi, parfois même deux. Mais si un jour la vie reprend son cours, je n'aurai sans doute plus de carte de fidélité chez mon caviste. En attendant, je tente de ne pas devenir alcoolique, je n'ai jamais de stock à la maison. Une nouvelle addiction peut arriver tellement vite, aussi vite que le temps qui passe. 2021 a sonné. Bonne année ! Dans quatre mois, j'ai 37 ans, et même si je suis toujours optimiste, je suis assez réaliste. Mon horloge biologique me dit de me bouger les fesses si un jour je veux être mère, même si je n'en ai jamais eu envie, et que ce n'est toujours pas le cas. L'engagement sans possibilité de retour en arrière, cela m'angoisse. Et je crois que je suis aussi libre de ne pas vouloir d'enfant sans que la société n'ait quelque chose à en dire. Mais, une belle histoire d'amour pour vibrer, l'idée commence de nouveau à me plaire. La mise à jour de mon CV me fait prendre conscience que j'ai entrepris un tas de projets sans jamais en aboutir un vraiment. Je me lance toujours dans des défis improbables, irréalisables, mes proches me soutiennent constamment parce que : « C'est impossible que cela fonctionne, mais si c'est toi, il y a peut-être une chance. »

J'ai pour bagage scolaire un BEP vente, mais cette information aucun des patrons pour qui j'ai travaillé n'en a eu connaissance. J'ai un bac +2, un bac +4, j'ai ce qu'ils exigent sur l'annonce. Si je m'en crois capable, alors je peux le faire. Et je le fais. Finalement, toutes ces expressions ne sont pas si « à la con » ! Il y a quatre mois de cela, le document Word sur lequel j'écris actuellement avait pour nombre de caractères zéro. 66 669 mots plus tard, je pianote sur mon MacBook, assise au bureau que je me suis aménagé dans mon appartement. Je me souviens de moi à 12 ans, enfermée dans ma chambre d'adolescente à taper sur les touches de ma machine à écrire : *Mortifère*. Le chapitre 1 commence ainsi :

«Je reste pendant des heures à contempler l'univers extérieur qui m'entoure. Personne après personne, chose après chose. Je me demande quel est le vrai sens de leur vie. Et surtout quel est le vrai sens de ma vie. J'ignore tout, mais j'ai l'impression de tout savoir et d'avoir tout vu. Je me sens rebelle et en même temps j'ai peur du futur».

Vingt pages et huit chapitres plus tard, mon premier livre se termine :

«Mais vous, si vous entendez une musique douce, si vous voyez une lumière claire. Si vous sentez que l'on vous pousse vers une vie meilleure, si vous avez peur et que ce monde vous fait horreur. Alors, ne pensez plus à rien, mais n'oubliez pas que vous êtes maître de votre destin.»

Ce *best-seller*, plein d'interrogations surréalistes pour une enfant de 12 ans, a été édité en dix exemplaires chez Copie + et distribué aux membres VIP de mon clan familial. Je pense avoir dans ma bibliothèque la seule édition ayant survécu au temps.

Mais, alors, étais-je prédestinée à devenir *escort girl*? Est-ce mon parcours professionnel? Mon éducation? Les hommes qui ont partagé ma vie? Mes déceptions amoureuses? Mes copines? Mes fréquentations, le milieu dans lequel j'ai évolué? Mon amour pour le sexe opposé ou pour le sexe tout court? Ma soif de liberté et d'aventure? Qu'est-ce qui m'a réellement menée à cet art? Mais doit-on vraiment trouver des symptômes qui expliqueraient pourquoi je suis moi? Car, finalement, je ne suis rien d'autre que cela. Alors, peut-on m'en empêcher?

— Coucou Mathilde, ce petit message pour savoir si tu vas bien. J'espère que le sport te garde en forme. Je ne t'ai pas oubliée! La période est trouble et complexe. Je navigue à vue et pour le moment la projection est plus au licenciement qu'à l'embauche. Mais, je te garde dans un coin de ma tête et, si j'ai une opportunité de poste, je pense à toi, je te le promets. Je t'embrasse, à très vite.

— Coucou Loulou, merci pour ton message. J'ai conscience que ce n'est pas évident en ce moment. Et je sais pertinemment que tu m'aideras le jour où tu le pourras. D'ailleurs, peut-être que tu as des contacts dans le monde de l'édition. J'ai écrit un manuscrit et j'aimerais le faire publier. Au plaisir d'échanger avec toi. Je t'embrasse et embrasse Rifi et Fifi pour moi.

31. Au bout de mes rêves

Mercredi 20 octobre 2021, il vient de s'écouler presque une année. Dans quelques jours, ce manuscrit partira chez l'imprimeur et il sera bientôt en librairie. J'effectue les dernières corrections, j'apprends ce nouvel exercice, ce nouveau métier d'être auteure. Je passe en moyenne douze heures par jour sur mon ordinateur. Je lis, écris, réécris, réfléchis, fume, refume, eh oui, j'ai repris la cigarette. Ne suis-je pas en train de commettre une erreur en gravant sur papier toute mon histoire ? Je trouve cela fabuleux d'avoir réussi pour une fois à aller jusqu'au bout d'un projet et d'avoir, grâce à la force de mon travail et à ma persévérance, pu trouver un éditeur, sans que personne ne me recommande ou n'ai pu m'aider. Mais, est-ce que je ne fais pas fausse route en imaginant que la société est prête à entendre que je suis libre de mon corps et que cette vie je l'aime ? Toutes les personnes que j'ai croisées et à qui j'ai dévoilé mon art ont réagi de manière tellement positive que je me suis lancée dans l'écriture de ce bouquin, car il est vrai que cet univers intrigue et fascine, et que trop rares sont les témoignages positifs.

— Élise, nous faisons plus que du vélo ensemble. À présent, nous sommes amies. Je dois te faire une révélation, car dans quelques mois ce ne sera plus un secret pour personne. Je suis *escort*.

— Ah oui ? C'est un mode de rencontre qui m'a souvent attirée, et plus encore quand j'ai le sentiment que mon mec me traite comme sa pute.

***

— Bonjour, je m'appelle Arnaud, j'ai 42 ans, bon vivant. J'aimerais t'accueillir chez moi à Tassin.

— Bonjour, Arnaud, j'espère que ton séjour en Corse s'est bien passé et que tu t'en sors avec les aléas de la pharmacie !

— Mais, nous nous connaissons, qui es-tu ?

— En effet, nous nous connaissons et je suis d'humeur taquine ce jour. C'est pourquoi je réponds à ton message, qui n'est pas le premier que tu me fais parvenir !

— Si tu as envie de te dévoiler, passe déjeuner à la maison, tu connais l'adresse, non ?

— Par cœur !

Arnaud ne peut pas être choqué par cette annonce et il m'apprend n'avoir jamais eu aucun soupçon me concernant, mais me confie que plusieurs de ses amies sont *escorts*. Des gens normaux et ordinaires, nous sommes.

— Ma petite maman, j'ai quelque chose à te dire. Tu sais, à Noël il y a bientôt un an de cela, tu m'as soumis l'idée d'écrire un livre. À cette époque, je ne t'en ai pas parlé, car le projet était en cours de réalisation. Mais, à présent, il est abouti et je dois signer mon contrat d'édition.

— C'est formidable, ma fille, pourquoi n'as-tu pas l'air enthousiaste ?

— Parce que je ne le ferai pas sans ton accord, ma petite maman, et sans que tu l'aies lu. Tu te souviens de l'auteure dont je t'ai parlé, Virginie Despentes, tu la connais ?

— Mais, ma fille, ta vieille mère n'est pas une idiote et je vais te dire quelque chose. Je n'ai peut-être pas beaucoup de morale, mais je ne suis absolument pas choquée. Tu joues de tes charmes, je le sais depuis bien longtemps, une mère connaît ses enfants. Et l'important, ma fille, c'est que tu sois heureuse, que personne ne te fasse de mal et qu'en parallèle tu te réalises. Ce bouquin, c'est le premier projet qui me semble viable, alors ne te questionne pas et tu pourras toujours venir habiter chez ta mère si les choses ne se déroulent pas comme tu l'espères.

— Tu ne crains pas le regard des gens ?

— Les gens ont toujours quelque chose à dire, ma fille. Et je suis fière de toi, écrire un livre, tu te rends compte ? Tu réalises mon rêve.

— Alors, écris, ma petite maman, je pourrai te pistonner !

***

— Marina, je suis *escort*.

— Ma sœur, je suis soulagée qu'enfin tu te dévoiles. Tu sais, nous nous sommes souvent questionnées avec maman, et nous craignions que tu te sois embarquée dans des trafics. *Escort* ce n'est pas un job conventionnel, mais tu ne fais de mal à personne. Et si nous sommes honnêtes, nous sommes tous la pute de quelqu'un, de notre mari, de notre patron ou même de

31. Au bout de mes rêves

l'État. Ne dit-on pas, d'ailleurs, que ce dernier est le plus grand des proxénètes ?

***

— Bonjour, Mathilde, je me permets de vous écrire ce mail à titre personnel. Je fais partie d'un comité de lecture à qui vous avez fait parvenir votre manuscrit. Je tenais à vous dire qu'en dix ans de carrière, votre livre est mon deuxième coup de cœur. Depuis longtemps, j'ai envie de découvrir votre univers et je suis très attirée par ce mode de rencontres. Pensez-vous que nous puissions nous appeler pour en discuter ?

— À condition que vous me dévoiliez pour quel éditeur vous travaillez !

***

— Mathilde, félicitations. J'ai adoré ton bouquin, je suis certain que cela va fonctionner.

— Merci, Will. Tu sais à quel point je te porte dans mon cœur et j'ai vraiment besoin que tu sois honnête avec moi, j'ai le sentiment de jouer tellement gros.

— Comme je te l'ai déjà dit, sur dix femmes, il y en a cinq qui le fantasment, deux qui l'ont déjà fait et trois qui ont un rapport au corps trop sélectif ! Fonce, ma belle.

***

— Ma Mathilde, tu peux être fière de toi et je le suis. Je pourrais même témoigner si tu veux.

— Merci mon Stéph, on fête cette nouvelle avec un Châteauneuf et de la truffe ?

***

— J'ai rangé au coffre l'exemplaire de ton manuscrit que tu m'as donné à lire.

— À côté des lingots ? Tu m'en vois honorée Loulou ! Mais, j'ai tellement peur de ce qui va se passer avec ce bouquin.

— C'est bien d'avoir peur, tous les entrepreneurs ont peur. Mais tu t'en fiches, c'est toi qui as raison et je suis sûr que nous sommes nombreux à le penser. Dans quelques années, quand nous en reparlerons, la version que je conserve sera un *collector*. Tu sais que Riri et Fifi ont hâte de le lire, ce n'est pas donné à tout le monde d'être dans un livre !

***

— Mon Benoit, tu sais à quel point tu comptes pour moi, que je t'aime. Cela fait maintenant sept ans que nous nous connaissons et trois ans que tu patientes pour que je dise « oui » à ta proposition de mariage.

— Je me souviens parfaitement de ta rhétorique, tu es la première femme à m'envoyer bouler : « N'attends rien de moi, je ne peux pas te promettre que tu sois l'unique », m'avais-tu dit.

— C'est bien pour cela que tu ne désamorces pas l'histoire ! Je ne peux pas te promettre que tu sois l'unique, car ma vie ne me le permet pas, je suis *escort*, mon Benoit.

— Tu me surprendras toujours ma chérie, et tu sais très bien qu'avec moi, tu seras la plus heureuse des femmes. Je patienterai encore et, plus les années passent, plus j'ai mes chances !

Alors, puisque tous les gens que j'aime m'aiment, je vais apposer mon nom au bas du contrat d'édition. J'ai le sentiment encore une fois d'être au bord du pont, face au vide, je saute, mais cette fois-ci je sais que tous mes amis et ma famille seront là à la réception.

« À quoi sert d'être célèbre sans le mériter, J'ai toujours la vérité pendue au bout des lèvres, Et le passé me suit de jour comme de nuit, J'sais pas dans quel état j'vais arriver au bout de mes rêves, J'ai le cœur solide, J'ai les mains pleines, Quand elles seront vides, me diras-tu que tu m'aimes ? »[8]

---

8. Booba, *Au bout de mes rêves*.

Remerciements

« Oublie que tu n'as aucune chance. Vas-y, fonce ! » C'est dans cet état d'esprit que j'ai commencé l'écriture de ce livre.

Merci à Clémence, Charlotte, Eddy, Sophie, Anthony, Yohann, Élisa, Émi, Amel, H. B., Yaya, Jack, Xavier, Franck, Adeline et aux copines de mes copines, qui m'ont soutenue et qui ont formé mon premier comité de lecture. J'ai une chance incroyable de vous avoir comme amis.

Merci à mes clients qui m'ont encouragée et qui se sont portés volontaires pour lire avant la publication. Vous avez participé à mon épanouissement et avez rendu possible ma quête de liberté.

Merci à mes consœurs qui, dans mes moments de doute, m'ont donné la force de ne pas flancher, pour elles et pour tou(te)s les TDS. Nous avons chacun(e) notre histoire personnelle, mais une devise commune : « Nous existons ».

Merci à mon éditeur qui a su s'adapter à ma personnalité, je n'aurais pas pu avoir un meilleur « associé » pour mener sereinement cette publication.

Merci à ma sœur, mon double opposé et pourtant si identique.

Et surtout, merci à ma maman, la meilleure, et tout le monde le dit ! Merci mamounette de croire en moi depuis toujours, de me laisser évoluer sans essayer de me changer et d'accepter ma vie, car un monde sans différences est un arc-en-ciel sans couleurs.

Je vous aime.

Table des matières

Table des matières

www.ingramcontent.com/pod-product-compliance
Lightning Source LLC
LaVergne TN
LVHW051153060726
842526LV00014B/3178